PASS CONCOURS FONCTION PUBLIQUE

Rédacteur territorial/principal

René Canfin Doco
Formateur et consultant – RH et conduite de projet
Administrateur territorial

Florence Lapierre Daric
Formatrice au CNFPT
Enseignante en droit public

Claude Parisse
Formateur et consultant – RH et management
Administrateur territorial

FOUCHER

Les fiches 1 à 17 ont été rédigées par Monsieur René Canfin Doco, les fiches 18 à 29 par Monsieur Claude Parisse et les QCM 1 à 15 ainsi que leurs corrigés par Madame Florence Lapierre Daric.

ISBN 978-2-216-16120-1

SOMMAIRE

Partie 1
LES CONNAISSANCES INDISPENSABLES

Partie 1

LES CONNAISSANCES INDISPENSABLES

Fiche 1

L'organisation administrative

L'article 1er de la Constitution du 4 octobre 1958 précise que la France est une république indivisible et que son organisation est décentralisée. L'organisation administrative française répond donc à ces principes constitutionnels.

1 Les aménagements de l'État unitaire

■ Pour l'État, les principaux repères constitutifs de sa **déconcentration** sont la loi d'orientation relative à l'organisation territoriale de la République (du 6 février 1992), la révision générale des politiques publiques (RGPP entre 2007 et 2011) et actuellement la modernisation de l'action publique (MAP).

■ Depuis l'acte I de mars 1982, la **décentralisation,** inscrite à l'article 1er de la Constitution du 4 octobre 1958, a été rythmée par l'acte II de mars 2003, puis par l'acte III, avec la loi du 7 août 2015 (dite loi NOTRe) portant nouvelle organisation territoriale de la république. Cette dernière a mis un terme à 5 ans de réformes territoriales complémentaires, mais aussi parfois contradictoires.

Sont en cause les lois de décembre 2010 portant réforme des collectivités territoriales (dite loi RCT) ou encore du 27 janvier 2014 portant modernisation de l'administration territoriale et d'affirmation des métropoles (loi MAPTAM).

La loi NOTRe rationnalise la répartition des compétences entre les collectivités territoriales et supprime la clause de compétence générale des régions et des départements.

■ La loi n° 2018-727 du 10 août 2018 pour un État au service d'une **société de confiance** promeut une administration de « conseils et de service ». Réduire la complexité du parcours administratif, alléger les normes et accélérer la dématérialisation des procédures au bénéfice des usagers comme des agents du service public sont les principaux aspects de ce texte législatif, destiné à innerver l'action publique dans de nombreux domaines d'action.

2 La déconcentration

A| Une seule personnalité morale : l'État

Les structures déconcentrées sont fondées sur l'existence d'une seule personnalité morale : l'État. L'État est également souverain. « L'État a la compétence de ses compétences. »

Les administrations décentralisées sont dotées de la personnalité morale (les collectivités territoriales et les établissements publics) mais ne sont pas souveraines car elles doivent inscrire leurs actions dans le cadre que l'État leur fixe.

B| Le rôle des administrations centrales

■ Selon le décret n° 2015-510 du 7 mai portant Charte de la déconcentration, les administrations centrales assurent un rôle de conception, d'animation, d'évaluation et de contrôle.
■ Quatre groupes d'organes illustrent ces rôles :
– les **organes de conception, de gestion et de décision** : le Président de la République, le Premier ministre, les ministres ;
– les **organes de consultation** : le Conseil d'État, le Conseil économique social et environnemental ;
– les **organes de coordination** : le conseil des ministres, les conseils et comités interministériels ;
– les **organes de contrôle** : la Cour des comptes et les inspections générales.

C| Les services déconcentrés de l'État

■ Les différents niveaux des services déconcentrés de l'État reposent sur un découpage en circonscriptions administratives de droit commun : les circonscriptions régionales, départementales et d'arrondissement. Les ministères ne disposent pas obligatoirement de services à chacun de ces échelons.
■ Les autorités ou organes nommés par l'État (le corps préfectoral, responsable des services déconcentrés) sont constitués par un représentant dans chaque circonscription : préfet de région et de département, sous-préfet implanté dans l'arrondissement. Ces organes n'ont pas de personnalité morale distincte de l'État ni de moyens propres (budget, fonctionnaires et patrimoine). Leurs compétences répondent à la notion d'intérêt national. L'État gère les domaines qui se rapportent à la nation : la justice, la monnaie, la défense nationale, l'éducation nationale, la police... Le mode de contrôle est fondé sur le rapport hiérarchique, lien de subordination entre l'État et ses organes dans les circonscriptions administratives, tant sur les actes que sur les personnes.
■ Avec la réforme de l'administration territoriale (dite RGPP), en 2009 ont été instaurées 3 directions départementales interministérielles : la direction départementale de la protection des populations, la direction départementale de la cohésion sociale et la direction départementale des territoires et de la mer.
■ Depuis 2010, les directions régionales sont au nombre de 8 : direction régionale des entreprises, de la concurrence, de la consommation, du travail et de l'emploi (DIRECCTE) ; direction régionale de l'environnement, de l'aménagement et du logement (DREAL) ; direction régionale de la jeunesse, des sports et de la cohésion sociale (DRJSCS) ; direction régionale de l'alimentation, de l'agriculture et de la forêt (DRAAF) ; direction régionale des affaires culturelles (DRAC) ; direction régionale des finances publiques (DRFIP) ; rectorats d'académies ; agences régionales de santé (ARS).

- Toutefois, les circulaires du Premier ministre du 24 juillet 2018 sur l'organisation territoriale des services publics et du 24 juillet 2018 sur la déconcentration et l'organisation des administrations centrales ont lancé une évolution des contours des missions de l'État, mais surtout un renouvellement de leurs modalités de fonctionnement.
- La circulaire du 12 juin 2019 relative à la mise en œuvre de la réforme de l'organisation territoriale de l'État a pour objectif de clarifier la structuration de l'administration locale de l'État et de gagner en efficience. Elle annonce ainsi la mise en place des secrétariats généraux communs aux préfectures et aux directions départementales interministérielles dont les contours ont été précisés dans une circulaire du 2 août 2019. Un coordonnateur national, au sein du secrétariat général du gouvernement, est chargé de la mise en œuvre de cette réforme.

3 La décentralisation

A| Les collectivités territoriales

- Les structures sont constituées de **personnes morales de droit public** : **les collectivités territoriales** instituées par les articles 72 et 74 de la Constitution.
- Il y avait 34 968 communes au 1er janvier 2020 ; 101 départements : 96 en métropole, 5 départements d'outre-mer (DOM) : Guadeloupe, Martinique, Guyane, La Réunion et Mayotte ; 18 régions en métropole dont la Corse (région à statut particulier) et 5 en outre-mer ; 1 territoire d'outre-mer (TOM : terres australes et antarctiques françaises – TAAF) ; 6 communautés d'outre-mer (COM) : Polynésie, Nouvelle-Calédonie, Saint-Martin, Saint Barthélémy, Saint-Pierre-et-Miquelon, Wallis-et-Futuna.

À noter que depuis la loi du 16 mars 2015 relative à l'amélioration du régime de la commune nouvelle, le nombre de communes a baissé sensiblement. Ce mouvement se poursuit actuellement.

B| Quatre principes traduisent la libre administration

- **La personnalité morale** qui est la capacité à agir en justice et d'avoir des moyens propres, du personnel (la fonction publique territoriale – FPT) et un budget.
- **Des compétences attitrées** confiées par le législateur (ou décidées par elles-mêmes pour les communes, du fait de la clause de compétence générale). Le tableau de répartition des compétences entre les collectivités, par application de la loi NOTRe, est annexé à l'instruction du gouvernement en date du 22 décembre 2015, relative aux incidences de la suppression de la clause de compétence générale des régions et des départements. Cette instruction présente l'évolution du périmètre des compétences des collectivités territoriales et les modalités de leur action.

La notion d'affaires locales a été étendue par les actes I et II de la décentralisation, avec le transfert de compétences de l'État vers les collectivités territoriales : action économique pour la région, action sociale pour le département, urbanisme pour la commune.

■ **Un pouvoir de décision** exercé par délibérations des assemblées, l'organe délibérant, ensuite appliquées par les pouvoirs exécutifs locaux.

Les collectivités territoriales gèrent ainsi, par les délibérations de leur organe délibérant, les questions qui intéressent leurs habitants : trains express régionaux, routes départementales, cimetières par exemple.

Les collectivités territoriales s'administrent librement dans les conditions prévues par la loi. Cette libre administration exclut les compétences régaliennes (édiction de lois, justice, diplomatie).

■ **Des organes élus par la population** : les organes délibérants (conseil régional, conseil départemental, conseil municipal et conseil communautaire) et les organes exécutifs (présidents de conseil, maire).

C| Le contrôle de légalité

La libre administration des collectivités territoriales ne peut remettre en cause l'unité juridique et l'indivisibilité de la République.

Pour l'exercer, le représentant de l'État dans les départements et les régions – le préfet – dispose de 2 mois, après réception des actes et, lorsqu'ils semblent irréguliers, pour saisir le tribunal administratif. Il s'agit du déféré préfectoral.

Quatre modalités de contrôle sont possibles :

– **le contrôle administratif sur les actes** s'effectue sur les délibérations de l'organe délibérant et certains arrêtés de l'exécutif, selon les stipulations du code général des collectivités territoriales (CGCT). Ces actes sont exécutoires sous réserve de respecter la procédure de publicité comme l'affichage et la transmission au représentant de l'État (préfet ou sous-préfet) pour les délibérations ; notification à l'intéressé et transmission au représentant de l'État pour les arrêtés (de nomination des agents publics et fonctionnaires, par exemple) ;

– **le contrôle administratif sur les personnes** : la dissolution par décret d'un conseil, organe délibérant, dont le fonctionnement s'avère impossible, ou encore la suspension par arrêté motivé du ministre de l'Intérieur et, enfin, la révocation d'un maire et ses adjoints, par décret motivé pris en conseil des ministres ;

– **le contrôle financier** : le préfet de département ou de région assure le contrôle des budgets des collectivités territoriales de son ressort ;

– **le contrôle de gestion** est réalisé par les chambres régionales des comptes, les CRC.

Fiche 2

L'organisation juridictionnelle : la dualité de juridiction

L'exercice des missions relevant de l'exécution du service public met en jeu deux grandes catégories de responsabilités : la responsabilité indemnisatrice (responsabilité administrative ou civile) et la responsabilité punitive (responsabilité pénale, financière ou disciplinaire). La présentation de l'organisation juridictionnelle permet de situer l'organe judiciaire attaché à ces types de responsabilité.

1 Les règles de droit écrit

■ L'administration est soumise au **principe de légalité** : ses actes juridiques doivent être conformes aux normes qui leur sont supérieures (bloc de constitutionnalité, lois).

■ **La coutume** a laissé quelques traces dans l'édifice juridique des collectivités territoriales.

■ L'ensemble des décisions de justice, c'est-à-dire **la jurisprudence** pour préciser et interpréter la loi et le règlement, sont aussi des références majeures pour les acteurs de la décentralisation.

■ Attention, les circulaires et les directives administratives sont des documents internes à l'administration et ne sont pas opposables aux administrés en principe. Toutefois, elles peuvent contenir des éléments réglementaires ou nouveaux qui vont conduire les juges à reconnaître leur qualité de décision administrative (qui a des effets de droit) partielle ou totale.

■ Les réponses ministérielles – question écrite et question orale – nourrissent aussi le champ juridique administratif qu'elles éclairent.

2 La dualité de l'ordre judiciaire

■ **Les juridictions de l'ordre judiciaire** sont compétentes pour régler les litiges entre les personnes privées simples justiciables.

■ **Les juridictions de l'ordre administratif** interviennent pour les litiges entre l'administration (État, collectivités territoriales et les établissements publics) et les administrés.

3 Le schéma de l'organisation juridictionnelle

■ Le schéma présente les 2 degrés de juridiction :

– **le 1er degré** correspond aux tribunaux administratifs. Pour l'ordre judiciaire, et au titre du droit civil, ce degré met en jeu le tribunal judiciaire, qui résulte de la fusion entre les tribunaux d'instance et de grande instance

depuis le 1er janvier 2020 (assorti de certains tribunaux de proximité), et, pour ce qui relève du droit pénal, le tribunal correctionnel ;
– **le 2nd degré** figure la cour administrative d'appel. Pour l'ordre judiciaire, ce sera la cour d'appel (droit civil) et, pour les affaires pénales, la cour d'assises.

■ **Il n'y a pas de 3e degré de juridiction en France**. Arrivé au niveau du pourvoi en cassation ou, de manière semblable, devant le Conseil d'État, il ne s'agit pas de juger une troisième fois l'affaire, mais d'examiner la décision des juges d'appel et de déterminer si cette dernière a violé ou non le droit.

De la sorte, le Conseil d'État est la cour suprême de l'ordre administratif réunie en « section du contentieux », l'une des 6 sections du Conseil d'État. Les 5 autres sections (finances, intérieur, travaux publics, sociale et du rapport et des études) ne traitent pas d'affaires juridictionnelles.

■ Entre ces deux ordres juridictionnels se trouve le Tribunal des conflits composé en parité de membres du Conseil d'État et de la Cour de cassation : il a pour mission de trancher les conflits de compétence entre les deux ordres juridictionnels.

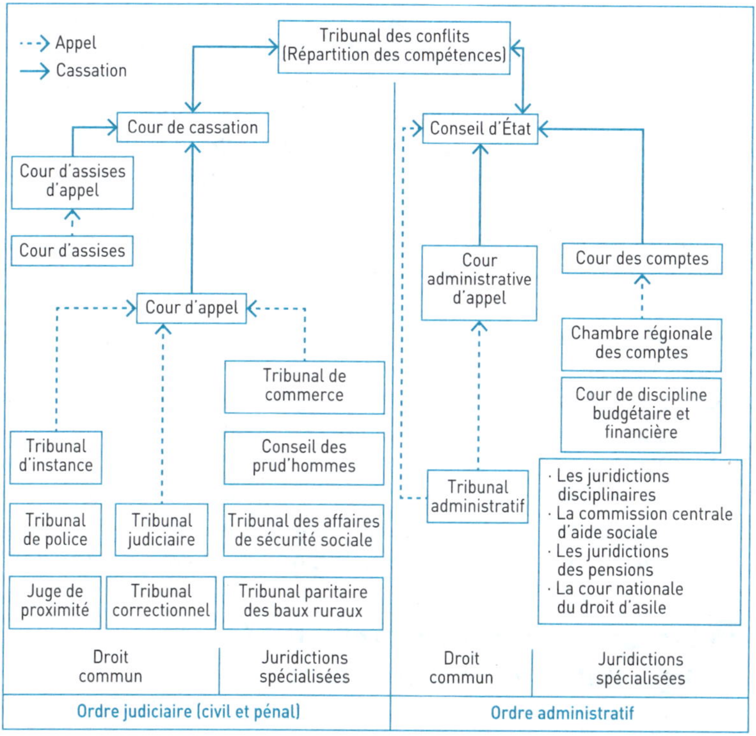

Fiche 3

Les collectivités territoriales

L'article 72 de la Constitution de 1958 dresse la liste des collectivités territoriales ; acteurs majeurs de la vie locale, elles ont un ancrage historique fort, en ce qui concerne la commune et le département auxquels les administrés sont très attachés. Le tissu territorial s'est toutefois affermi dans les années 1980 lors de l'acte I de la décentralisation et reste en évolution constante.

1 Les repères généraux

En accordant la personnalité juridique aux collectivités territoriales, la Constitution leur permet de se distinguer entre elles et surtout de l'État.

■ Les collectivités peuvent posséder, en leur nom propre, un patrimoine, contracter pour acheter des biens, recruter du personnel, passer des marchés publics ou effectuer des délégations de service public (DSP), ester en justice, avoir un budget, créer et organiser des services publics.

■ Actuellement, il faut distinguer les CT de droit commun (communes, départements et régions métropolitaines) et les CT à statut particulier (Paris, Lyon, Marseille (PLM), la Corse, la métropole de Lyon, les départements et régions d'outre-mer et les collectivités d'outre-mer).

■ La loi de réforme des collectivités territoriales (loi RCT) du 16 décembre 2010 prévoit aussi un processus de création de communes nouvelles destinées à encourager les regroupements communaux. Cet objectif a été confirmé par la loi 2015-292 du 16 mars 2015 relative à l'amélioration du régime de la commune nouvelle, pour des communes fortes et vivantes.
Depuis cette loi de mars 2015, 560 communes nouvelles, regroupant près de 1 900 communes anciennes soit une population de 1,9 million d'habitants, sont en place au 1er janvier 2018.

■ La loi 2015-991 du 7 août 2015 portant nouvelle organisation de la République (dite loi NOTRe) modifie de façon substantielle l'organisation des CT.
Ce texte procède notamment au renforcement des régions, à une rationalisation de l'intercommunalité, à un repositionnement des départements et à de nombreux ajustements dans le fonctionnement quotidien des CT.

2 Les caractéristiques des collectivités : organisation et fonctionnement

A| Les collectivités de droit commun

1. La commune

■ En érigeant, au moment de la Révolution française, « toutes les communautés d'habitants » en communes, la loi du 14 décembre 1789 a participé à l'inflation de ce premier niveau d'administration : 36 791 communes début 2011, 34 968 au 1er janvier 2020, avec l'effet de la création des communes nouvelles. Malgré ce tassement du nombre de ses communes, la France représente environ 40 % de l'ensemble des communes des 28 États de l'Union européenne (27 États lorsque la Grande-Bretagne aura finalisé le Brexit). De surcroît, 70 % des communes françaises ont moins de 1 000 habitants.

■ Toutes ces entités présentent une organisation administrative semblable depuis la loi municipale de 1884. Les communes sont gérées par une assemblée délibérante, **le conseil municipal**, qui règle par ses délibérations les affaires relatives au territoire et aux habitants de la CT. La clause générale de compétence, pour gérer toute question d'intérêt communal, et le principe de la libre administration y contribuent. Le nombre de conseillers municipaux varie entre 9 et 69 selon l'importance de la population de la commune.

■ Les attributions majeures de l'organe délibérant sont : élire l'exécutif (le maire) et les adjoints, voter le budget, créer et supprimer les services et emplois communaux, élaborer le plan local d'urbanisme (PLU) et le schéma de cohérence territoriale (le SCOT).

■ Le conseil municipal peut décider de créer **des commissions** pour suivre certains domaines d'intervention et les projets : commissions d'urbanisme, voirie, espaces verts, finances, culture, sports et jeunesse, éducation...

■ Par application de certaines dispositions du livre II du code général des collectivités territoriales (art. L. 2122-22 CGCT), **le maire** peut, par délégation du conseil municipal, être chargé en tout ou partie, de régler directement 24 types d'affaires.

Il prend pour cela des **décisions**, qu'il doit ensuite présenter en séance du conseil municipal :

– **organe exécutif communal**, le maire exerce les attributions suivantes : exécute les délibérations de l'assemblée délibérante ; prépare et préside les réunions du conseil municipal ; prépare le budget ; exécute le budget en sa qualité d'ordonnateur des dépenses et des recettes ; est le chef du personnel et de l'administration ; nomme et révoque les agents ; est autorité de police administrative et prend, à ce titre, les arrêtés nécessaires (occupations du domaine public, de voirie par exemple) ; délivre certains permis (urbanisme, chasse, licences de débits de boissons). Il peut déléguer certains de ses pouvoirs à ses adjoints ;

– **en qualité d'agent de l'État**, le maire veille à l'application des lois ; assure les fonctions d'officier d'état civil (établissement des actes d'état civil et célébration des mariages) et de police judiciaire (traitement de plaintes, constat d'infractions et établissement de contraventions, d'où le recours à des services de police municipale) ; organise les élections et participe aux opérations de recensement ; légalise des signatures et certifie les copies conformes à l'original.

2. Le département

■ Créé sous la Révolution française en 1790 pour rapprocher les administrés de l'administration, il deviendra une collectivité territoriale en 1870 du fait de la loi du 10 mai relative aux conseils généraux.

■ Chaque département est découpé en **cantons** et il y a 2 **conseillers départementaux** par canton. Le nombre de cantons est de 2 054, hors les 20 arrondissements de Paris qui font aussi office de cantons.

■ Les attributions principales de **l'assemblée délibérante** – dénommée **conseil départemental depuis 2015** – sont identiques à celles du conseil municipal en tenant compte de ses décisions pour fixer les axes des politiques pour les blocs de compétences revenant au département : à titre d'exemples, l'action sociale et la santé, l'autonomie des personnes...

■ L'assemblée délibérante départementale se réunit aussi dans une forme restreinte : **la commission permanente**. Cette dernière est un organe de délibération restreint avec des conseillers élus par l'assemblée délibérante, des vice-présidents et le président. Le conseil général peut ainsi déléguer une partie de ses attributions à cette commission, hormis en matière budgétaire.

■ Le conseil peut mettre en place **des commissions** pour le suivi de certains dossiers ou domaines d'intervention.

■ **Le président du conseil départemental** agit en tant qu'exécutif du département : prépare et préside les réunions de l'organe délibérant ; exécute les délibérations ; prépare, présente et exécute le budget ; peut recevoir des délégations de l'assemblée départementale pour passer les marchés publics.

■ Le président a des pouvoirs propres : il est le chef hiérarchique du personnel (recrute, nomme aux emplois, révoque) ; il est autorité de police administrative sur la voirie départementale, hors agglomération (dans ce cas, le préfet exerce ce pouvoir).

3. La région

■ C'est une CT à part entière depuis 1982, acte I de la décentralisation.

■ La Métropole est divisée en **13 régions**, y compris la Corse avec son statut particulier. S'ajoutent 5 régions d'outre-mer. Le décret n° 2016-1689 du 8 décembre 2016 a entériné le nom, la composition et le chef-lieu des circonscriptions administratives régionales.

■ Organe délibérant, **le conseil régional** est composé, selon les régions de 77 élus (pour le Centre-Val de Loire) à 209 élus (pour l'Île-de-France), en fonction de l'importance de la population. Le conseil régional de Corse compte 51 élus.

■ Parmi ses principales attributions figurent : l'élection du président et des vice-présidents ; le vote du budget régional ; la création, l'organisation et la suppression des services et des emplois régionaux ; l'élaboration des politiques et la gestion des établissements relatifs aux blocs de compétences de la région.

■ Comme pour le département, le conseil régional peut déléguer une partie de ses attributions à une **commission permanente** sauf pour le budget.

■ **Le président du conseil régional**, exécutif de la région, dispose des mêmes pouvoirs que le président du département (voir ci-dessus, sauf pour la police administrative).

■ **Le conseil économique et social régional** (CESR) représentant la société civile, a un rôle consultatif afin de formuler, obligatoirement, un avis au président de la région sur le projet de budget. Il peut aussi s'autosaisir pour mener des études : transports, lycées, formation professionnelle...
Les membres du CESR sont désignés pour 6 ans par différentes organisations régionales : organisations patronales et syndicales, associations, personnes qualifiées...

B| Les collectivités à statut particulier

1. En métropole

Au vu de leur importance démographique ou d'une identité régionale forte, le législateur a aménagé des statuts particuliers, d'une part, pour Paris Lyon et Marseille et, d'autre part, pour la Corse.

■ **Paris est, jusque fin 2018, à la fois commune et département** (loi du 31 décembre 1975). De ce fait, le Conseil de Paris règle toujours les affaires de ces deux collectivités.
Cependant, la loi du 28 février 2017 relative au statut de Paris et à l'aménagement métropolitain a créé, à partir du 1er janvier 2019, à la place de la commune et du département de Paris, une collectivité unique à statut particulier, la **Ville de Paris**, exerçant à la fois les compétences de la commune et du département.
Pour corriger les déséquilibres apparus avec les mouvements de population, la loi institue par ailleurs un secteur regroupant les quatre premiers arrondissements de Paris.

■ **Paris, Lyon et Marseille**, par application de la loi 82-119 du 31 décembre 1982, disposent d'une subdivision administrative spécifique, **l'arrondissement** (20 à Paris, 16 à Marseille et 8 à Lyon).
Chaque arrondissement est doté d'un **conseil d'arrondissement** élu au suffrage universel direct. Les conseillers d'arrondissement élisent au sein de cette assemblée un maire d'arrondissement. Le conseil d'arrondissement participe, à titre consultatif, à l'administration de l'arrondissement et prend des décisions quand il a reçu délégation du conseil municipal ou si la loi le prévoit.

■ **La métropole de Lyon**, en place depuis le 1er janvier 2015, fonctionne avec un conseil de la métropole, un président du conseil et une conférence métropolitaine, organe consultatif dont le périmètre est fixé par le conseil. Globalement, elle exerce les compétences du Grand Lyon qu'elle a remplacé, celles du département et certaines issues des communes.

C'est un espace de solidarité pour mener sur son territoire un projet d'aménagement et de développement économique, écologique, éducatif, sportif, culturel et social.

■ **La collectivité territoriale corse**, pour tenir compte des particularismes locaux, a été créée par la loi du 13 mai 1991. Elle bénéficie de compétences renforcées : réseau routier, transports aériens et maritimes, aménagement hydraulique, etc.

L'assemblée de Corse, organe délibérant, élit l'organe exécutif, le conseil exécutif. À ces deux institutions s'ajoute le Conseil économique, social et culturel.

Les attributions de l'assemblée et du conseil intéressent principalement « l'identité de la Corse » et son « développement économique ». L'article 72-1 de la Constitution comporte la consultation de cette collectivité territoriale sur les lois et décrets portant dispositions spécifiques à son territoire.

2. En outre-mer

■ **Les départements et les régions d'outre-mer** sont dotés d'une assemblée et d'un exécutif avec des compétences propres. Depuis 2003, si les lois et règlements y sont applicables de plein droit, chacune de ces collectivités peut fixer, par dérogation, des règles spécifiques pour tenir compte de leurs caractéristiques et contraintes particulières, sauf s'il s'agit des droits régaliens comme la nationalité, les droits civiques, la procédure pénale…

■ **Pour les collectivités d'outre-mer (les COM)**, le statut doit être défini par une loi organique adoptée après avis de l'assemblée délibérante locale. Si la Polynésie française est, dans ce cadre, dotée de l'autonomie, ce n'est pas le cas des autres COM.

Le statut fixe les conditions dans lesquelles les lois et règlements nationaux sont applicables, les compétences, les règles d'organisation et de fonctionnement des institutions de ces CT, le régime électoral de l'organe délibérant et les conditions de leur consultation pour tout texte les concernant (loi, ordonnance, décret, traité).

L'évolution des principes relatifs à l'action des collectivités territoriales

Le principe de subsidiarité est essentiel pour comprendre la vocation des collectivités territoriales. Il induit que le niveau de leur responsabilité doit être établi à l'échelon où les besoins seront les mieux satisfaits. Selon l'article 72-2 de la Constitution, « les CT ont vocation à prendre les décisions pour l'ensemble des compétences qui peuvent le mieux être mises en œuvre à leur échelon ».

1 Les généralités

■ **La clause générale de compétence** a été instituée à partir de l'acte I de la décentralisation de mars 1982. L'application de cette faculté suppose la réunion de deux conditions cumulatives : la présence d'un intérêt public local et l'absence d'une compétence exclusive relevant de l'État ou d'une autre CT.

Cette clause générale de compétence est réservée aux communes depuis la loi n° 2015-991 du 7 août 2015 portant nouvelle organisation territoriale de la République (dite loi NOTRe).

■ Les CT disposent de **compétences d'attribution** définies par les lois de la décentralisation des actes I à III, dont les principaux repères sont :

- ACTE I 1982-2003 (loi fondatrice du 2 mars 1982) ;
- ACTE II 2003-2007 (loi constitutionnelle du 28 mars 2003 et loi du 13 août 2004) ;
- ACTE III 2007-2017 (lois RCT du 16 décembre 2010, MAPTAM du 27 janvier 2014, délimitation des régions du 16 janvier 2015, commune nouvelle du 16 mars 2015 et loi NOTRe du 7 août 2015.

Une grande partie des compétences d'attribution a fait l'objet, au fil de ces lois, d'un transfert de l'État vers les CT, dans le souci d'accroître l'efficacité de l'action publique et de développer la démocratie de proximité.

Pour les exercer, le principe de la collectivité chef de file peut s'appliquer. Selon l'article 72, alinéa 5, de la Constitution, « lorsque l'exercice d'une compétence nécessite le concours de plusieurs CT, la loi peut autoriser l'une d'entre elles ou un de leurs groupements à organiser les modalités de leur action commune ». Cette disposition permet une décentralisation plus opérationnelle.

Pour les régions et les départements, les compétences d'attribution se substituent à la clause de compétence générale.

■ L'article 72, alinéa 5, de la **Constitution interdit la tutelle d'une collectivité sur une autre.**

■ Enfin, la loi du 7 janvier 1983 a affirmé **la compensation financière des charges des CT**. À ce titre, l'article 72-2, alinéa 4, de la Constitution stipule : « tout transfert de compétence entre l'État et les collectivités terri-

Fiche 4

toriales s'accompagne de l'attribution de ressources équivalentes à celles qui étaient consacrées à leur exercice. Toute création ou extension de compétences ayant pour conséquence d'augmenter les dépenses des collectivités territoriales est accompagnée de ressources déterminées par la loi ». Le code général des collectivités territoriales (CGCT) reprend ces dispositions dans les articles L. 1614-1 et 1641-1-1 du Livre I.

Remarque : la nature des compétences des établissements publics de coopération intercommunale (EPCI) est traitée distinctement dans les fiches 7 et 8 sur l'intercommunalité. En effet, les EPCI ne sont pas des collectivités territoriales. Ils tiennent leur pouvoir des transferts de compétences effectués par les communes membres ou prévus par la loi.

2 Le cadre rénové d'exercice des compétences par les CT

L'instruction du Gouvernement (référencée NOR RDF1520836N) en date du 22 décembre 2015, spécifie que la loi NOTRe rationalise la répartition des compétences entre les collectivités territoriales. Ses dispositions s'articulent avec celles de la loi n° 2014-58 du 27 janvier 2014 de modernisation de l'action publique territoriale et d'affirmation des métropoles (loi MAPTAM).

A| L'évolution du périmètre des compétences des CT

▸ Les régions

La loi NOTRe – Nouvelle Organisation territoriales de la République – leur confie des compétences nouvelles : transports publics non urbains et interurbains, développement économique et aménagement du territoire.

▸ Les départements sont essentiellement compétents pour la solidarité sociale et territoriale

L'article 94 de la loi NOTRe stipule que le département « met en œuvre toute aide ou action relative à la prévention ou à la prise en charge des situations de fragilité, de développement social, l'accueil des jeunes enfants, l'autonomie des personnes. Il est également compétent pour faciliter l'accès aux droits et services des publics dont il a la charge » (art. L.3211-1 du CGCT).

▸ Le bloc communal

En conservant la clause de compétence générale, le bloc communal a la possibilité d'intervenir sur tous les sujets d'intérêt local lorsque la compétence en question n'a pas été attribuée à une autre collectivité (art. L.2121-29 du CGCT).

B| Les modalités de l'action commune des CT

▶ Les compétences partagées

Il s'agit, selon l'article 104 de la loi NOTRe, de la culture, du sport, du tourisme, de la promotion des langues régionales et de l'éducation populaire.

▶ Les compétences à chef de file

■ Ce sont celles dont l'exercice nécessite le concours de plusieurs collectivités ou groupements et pour lesquelles une collectivité est désignée chef de file.

■ Dans chaque région a été instituée une conférence territoriale de l'action publique (CTAP). C'est un espace de concertation entre les CT, leurs groupements et établissements publics pour favoriser un exercice concerté de leurs compétences.

Une convention territoriale d'exercice concerté d'une compétence est alors mise en place après examen par la CTAP.

▶ Les délégations de compétences

Prévues à l'article L. 1111-9-1 du CGCT, elles sont une modalité de rationalisation de l'action publique. Elles font partie des conventions territoriales d'exercice.

C| Les incidences du nouveau cadre d'exercice des compétences sur le financement des projets publics

▶ La participation minimale du maître d'ouvrage

■ Le maître d'ouvrage d'une opération qui rentre dans un domaine de compétences à chef de file doit assurer le financement d'au moins 30 % du montant total des financements publics qui lui sont accordés.

■ En cas de dérogation convenue dans le cadre d'une convention territoriale d'exercice concertée des compétences, la participation minimale du maître d'ouvrage ne peut être inférieure à un seuil de droit commun fixé à 20 % par l'article L.1111-10 du CGCT.

Trois types de dérogations sont prévues par cet article.

■ La règle de participation minimale ne concerne pas les opérations inscrites dans un contrat de plan Etat-Région (CPER).

▶ Le principe de l'interdiction des cofinancements région-département

Le cumul des subventions de la région et du département est interdit pour les projets concernant les domaines de compétences à chef de file, sauf pour ceux entrant dans un CPER.

▸ Les interventions financières des collectivités territoriales hors de leurs compétences

Par application de l'article 1er de la loi NOTRe est supprimée la possibilité pour les régions de contribuer au financement des opérations d'intérêt régional des départements, des communes, de leurs groupements et des groupements d'intérêt public (GIP) pour lesquelles elles n'ont pas de compétences.

3 La participation des citoyens à la vie locale dans les communes

Au-delà du rôle joué au moment de l'élection des conseillers municipaux, la participation des citoyens à la vie communale peut recouvrir trois formes principales :
– la participation des électeurs aux décisions locales à travers les procédures de référendum local et de consultation des électeurs ;
– la participation des habitants à la vie locale par l'intermédiaire des conseils de quartier, du comité consultatif communal et de la commission communale pour l'accessibilité des personnes en situation de handicap ;
– la participation des habitants et des usagers à la vie des services publics.
Ces dispositions relèvent de la loi n° 2002-276 du 27 février 2002 relative à la démocratie de proximité et sont reprises par l'article L2143.1 du code général des collectivités territoriales – le CGCT.

La répartition des compétences entre les collectivités territoriales

Considérée comme l'acte III de la décentralisation, la loi 2015-991 du 7 août 2015 portant nouvelle organisation de la République (loi NOTRe) a eu, au final, une ambition moins importante. Ses 136 articles modifient néanmoins de façon substantielle le panorama de l'action des collectivités territoriales. Même si le mouvement est lent, dans chaque région et dans le cadre des conférences territoriales de l'action publiques (CTAP), les collectivités territoriales ont commencé à organiser leurs compétences de manière spécifique à leur territoire, comme l'ambitionnait la réforme territoriale. Sont récapitulées ci-après les compétences des trois niveaux de collectivités territoriales.

1 La région

A| Les compétences à chef de file

- **L'aménagement et le développement durable du territoire** avec la constitution du schéma régional d'aménagement, du développement durable et de l'égalité des territoires (SRADDT).
- **La protection de la biodiversité** : élaboration du schéma régional de cohérence écologique (SRCE).
- **Le climat, la qualité de l'air et l'énergie** : avec le schéma régional du climat, de l'air et de l'énergie (SRCAE).
- **L'intermodalité et la complémentarité entre les modes de transports**, notamment avec l'aménagement des gares.
- **Le soutien à l'enseignement supérieur et à la recherche** : définition du schéma régional de l'enseignement supérieur, de la recherche et de l'innovation.

B| Les principaux blocs de compétences d'attribution

- **Le développement économique** : aides directes et indirectes aux entreprises, création du schéma régional de développement économique, de l'innovation et de l'internationalisation (SDREII) en concertation avec les EPCI et les métropoles.
- **L'enseignement** : avec la construction et l'entretien des lycées, la gestion des personnels techniciens et ouvriers de service des lycées, la possibilité de contribuer au financement des établissements universitaires ou de recherches...
- **La formation professionnelle et l'apprentissage** : la politique régionale d'accès à l'apprentissage et à la formation professionnelle des jeunes et des adultes à la recherche d'un emploi ou d'une nouvelle orientation professionnelle...

- **L'emploi et l'insertion professionnelle** : contribution au financement des structures d'accompagnement et d'insertion professionnelle des jeunes (missions locales, PAIO).
- **L'action sociale et la santé** : la définition de la politique de formation des travailleurs sociaux, le financement d'opérations programmées des contrats urbains de cohésion sociale (CUCS), la fixation des objectifs particuliers de santé et la mise en œuvre des actions correspondantes, la participation aux commissions exécutives des agences régionales de santé (ARS)...
- **L'action culturelle** : l'organisation et le financement des musées régionaux, inventaire général du patrimoine culturel, 1 % culturel, bibliothèques régionales, conservation et mise en valeur des archives régionales, archéologie préventive...
- **Le tourisme** : définition des objectifs à moyen terme du développement touristique régional, détermination du statut du comité régional du tourisme...
- **La politique de la ville** : soutien aux politiques de la ville et à la rénovation urbaine, contrat de ville...
- **Le sport** : responsabilité de la construction et de la maintenance des équipements sportifs dans les lycées, transfert de la propriété des centres de ressources, d'expertise et de performance sportive (CREPS) appartenant à l'État à compter du 1er janvier 2016...
- **Les transports publics** : organisation des transports ferroviaires régionaux (conventions avec la SNCF), organisation des transports routiers non urbains de personnes ainsi que la construction, l'aménagement et l'exploitation de gares publiques routières de voyageurs à compter du 1er janvier 2017 (à la place des départements), financement, organisation et fonctionnement des transports scolaires, hors des périmètres de transports urbains à compter du 1er septembre 2017 (transfert de compétence du département vers la région).
- **Les grands équipements** : les ports fluviaux et les aérodromes.

2 Le département

A| Les compétences à chef de file

- **L'action sociale, le développement social et la contribution à la résorption de la précarité énergétique.** Pour le volet social, les principales interventions concernent le règlement départemental d'aide sociale, la prise en charge des prestations légales d'aide sociale (Revenu de solidarité active – RSA – et l'Aide personnalisée à l'autonomie – APA), le financement de la prestation de compensation pour les personnes handicapées, la tutelle administrative et financière du groupement d'intérêt public – GIP « maison départementale des personnes handicapées »... Pour la contribution à la résorption de la précarité énergétique, le département peut aménager les réseaux de chaleur, participer au financement du logement, fixer des objectifs au sein du plan départemental de l'habitat...

- **Le volet emploi** recouvre la responsabilité de l'insertion sociale et professionnelle des titulaires du RSA, l'élaboration des pactes territoriaux d'insertion (PTI)...
- **L'autonomie des personnes** : la gestion des centres locaux d'information et de coordination et des comités départementaux des retraités et personnes âgées.
- **La solidarité des territoires** : l'établissement d'un programme d'aide à l'équipement rural, la gestion et le financement du fonds de solidarité pour le logement...

B| Les principaux blocs de compétences d'attribution

- **L'action sanitaire** intéressant la famille et l'enfance avec la gestion des centres de protection maternelle et infantile (PMI). Cette compétence recouvre aussi la possibilité d'exercer des activités en matière de vaccination, de lutte contre la tuberculose, la lèpre et les maladies sexuellement transmissibles (MST).
- **L'enseignement, la culture et le patrimoine** : la propriété du patrimoine immobilier des collèges avec le financement de leur construction, leur entretien, leur équipement et la prise en charge du recrutement et de la gestion des personnels techniciens, ouvriers et de service qui y travaillent, la responsabilité des bibliothèques centrales de prêt et de bibliobus, la gestion et l'entretien des archives et des musées départementaux, l'élaboration d'un schéma départemental de développement des enseignements artistiques dans les domaines de la musique, de la danse et de l'art dramatique...
- **Le tourisme** : mise en place d'un plan départemental des itinéraires de promenade et de randonnées.
- **L'aménagement de l'espace et l'équipement** : l'entretien et l'investissement concernant la voirie départementale ; la gestion d'une partie des routes nationales (environ 15 000 km pour l'ensemble des départements), l'élaboration d'un programme d'aide à l'équipement rural...
- **Les grands équipements** : ports maritimes, de commerce et de pêche.

3 La commune

Certaines compétences du bloc communal peuvent faire l'objet de transferts vers les EPCI selon les choix locaux de coopération intercommunale et la nature des structures en place. La loi NOTRe a aussi rattaché les déchets (collecte et traitements) et l'eau (distribution et assainissement) aux EPCI.

A| Les compétences à chef de file

- **L'aménagement de l'espace** : l'élaboration des plans locaux d'urbanisme (PLU) et des schémas de cohérence territoriale (le SCOT, qui présente un projet d'aménagement et les objectifs des politiques d'urbanisme), la délivrance des permis de construire et des autorisations d'urbanisme, la création et l'entretien du domaine public (voirie, espaces verts), le ramassage et le traitement des ordures ménagères, la propreté du domaine public, la création et l'entretien des réseaux d'assainissement.

■ **L'organisation des services publics de proximité** : pour la petite enfance avec le financement de structures d'accueil (crèches, haltes garderies, centres de vacances, centres de loisirs, garderies scolaires...), pour l'action sociale avec l'aide sociale facultative (centres communaux d'action sociale – CCAS – ou intercommunaux – CIAS) ou l'aide de secours aux familles en difficulté, pour le service aux personnes avec la mise en place d'un fichier des personnes âgées et handicapées résidant à domicile (plan canicule) ou encore avec la création d'un établissement social ou médico-social...

■ **La mobilité durable** : le bloc communal dispose de moyens d'action pour préserver la qualité de l'air (pouvoirs de police de la circulation et du stationnement), ou encore pour concourir au développement des modes de déplacements terrestres non motorisés et des usages partagés des véhicules terrestres à moteur.

■ **Le développement local** lorsqu'il s'agit de favoriser ou de maintenir les activités comme le commerce de proximité ou l'artisanat.

B| Les principaux blocs de compétences d'attribution

■ **Les actions éducatives, sportives et culturelles** : la création, l'implantation et l'entretien des écoles maternelles et primaires ; l'intervention dans la définition de la carte scolaire ; la création et la gestion des équipements culturels municipaux (bibliothèques, musées et conservatoires), l'organisation et le financement de l'enseignement artistique initial (danse, musique, arts plastiques...), la création et la gestion d'équipements sportifs municipaux (piscine, stade, gymnase, patinoire...).

■ **La sécurité** : exercice de la police municipale (bon ordre, sûreté, salubrité publique), prévention avec le conseil local de la sécurité et de prévention de la délinquance (CLSPD).

■ **L'eau et l'assainissement (transfert à EPCI)** : la distribution publique de l'eau potable et la constitution de son schéma de distribution, définition du zonage d'assainissement, gestion et contrôle de l'assainissement collectif (transport et traitement des eaux usées puis élimination des boues produites), gestion des eaux pluviales, gestion des milieux aquatiques et de prévention des inondations à compter du 1er janvier 2018 – GEMAPI.

■ **Le logement et l'habitat** : la définition d'un programme local de l'habitat pour les communes au sein d'un établissement public de coopération intercommunal (EPCI), la gestion, par délégation au maire, de tout ou partie du contingent préfectoral, la possibilité de prendre en charge la construction, l'équipement et l'entretien du logement étudiant...

C| Le renforcement du rôle des communes et des maires dans les intercommunalités

■ La loi du 27 décembre 2019 relative à l'engagement dans la vie locale et à la proximité de l'action publique a eu comme objectif de rééquilibrer le rôle des maires, notamment des petites communes, au sein des intercommunalités.

■ Elle crée un « pacte de gouvernance » entre les mairies et les intercommunalités et renforce les pouvoirs de police des maires, notamment pour leur permettre de sanctionner des infractions simples telles que le non-respect de la fermeture d'un établissement (en les dotant de procédures d'astreintes).

■ Certaines compétences seront progressivement transférées telles que l'assainissement (dès 2020) et l'eau.

Fiche 6

La chronologie et les fondements de l'intercommunalité

Trois périodes marquent la recherche d'une efficacité accrue de l'action publique. Il s'agit de repenser le découpage communal pléthorique et de rechercher le niveau optimal de l'administration de proximité.

1 Les repères

▸ De 1992 à 2003

Cette volonté s'est traduite paradoxalement par l'émergence d'un niveau supplémentaire : l'échelon intercommunal.

■ La loi du 6 février 1992 relative à l'administration territoriale de la République – loi ATR – a créé les communautés de communes et les communautés de ville. Ces dernières ont été supprimées par la loi Chevènement de 1999.

■ La loi du 12 juillet 1999 relative au renforcement et à la simplification de la coopération intercommunale structure les échelons intercommunaux avec la communauté d'agglomération, la communauté urbaine et la communauté de communes.

■ La loi du 13 décembre 2000 relative à la solidarité et au renouvellement urbain (loi SRU) place l'agglomération au centre des politiques d'aménagement.

▸ De 2003 à 2005

L'acte II de la décentralisation pose l'organisation décentralisée de la République.

■ La loi constitutionnelle du 28 mars 2003 relative à l'organisation décentralisée de la République permet aux collectivités locales de prendre l'appellation « collectivités territoriales » avec des pouvoirs accrus et clarifiés.

■ La loi du 13 août 2004 relative aux libertés et aux responsabilités locales, en renforçant les domaines de compétences des collectivités territoriales, n'a pas permis, dans les faits, d'atteindre les objectifs d'efficience, de lisibilité et de légitimité de l'action publique.

▸ La période 2005 à 2015

La décennie de réflexion et de débats est marquée par plusieurs lois.

■ La loi du 16 décembre 2010 de réforme des collectivités territoriales (dite RCT). Elle a modifié en profondeur l'intercommunalité et créé la métropole et le pôle métropolitain.

Elle donnait jusqu'au 1er janvier 2014 à toutes les communes l'obligation de se regrouper dans une structure intercommunale.

■ La loi du 27 janvier 2014, appelée loi MAPTAM, prolonge la volonté de rénover le paysage intercommunal. Elle crée des chefs de file pour chaque politique et instaure les conférences territoriales de l'action publique. Elle promeut aussi la création de la Métropole du Grand Paris (MGP).
■ Enfin, la loi 2015-991 du 7 août 2015 portant nouvelle organisation territoriale de la République (loi NOTRe) consacre, dans son titre II, 60 articles au renforcement des intercommunalités :
– avec le relèvement du seuil démographique de constitution des EPCI à fiscalité propre : désormais, les intercommunalités à fiscalité propre devront comporter au moins 15 000 habitants. Ce seuil peut être adapté pour tenir compte de la démographie de certains territoires, sans pouvoir, dans ces cas, être inférieur à 5 000 habitants ;
– avec la révision des schémas départementaux de coopération intercommunale (SDCI) sous la responsabilité du préfet de département, échelon territorial de référence. Ce dispositif de refonte de la carte des EPCI, après avis de la commission départementale de la coopération intercommunale (où siègent les élus territoriaux sous la présidence du préfet) s'est achevé le 31 décembre 2016, date de publication des arrêtés du préfet créant les nouveaux EPCI et les périmètres d'exercice. Dans les nouveaux SDCI, les représentants de l'État dans chaque département ont entériné la dissolution d'une partie des syndicats de commune ou des syndicats mixtes ;
– avec les modifications du statut de la métropole du Grand Paris (MGP), créée le 1er janvier 2016.

2 Les caractéristiques actuelles du dispositif

A| Les deux catégories d'intercommunalité

1. La forme souple – sans fiscalité propre

■ Elle permet aux communes de se grouper pour gérer des activités ou services publics. Les compétences transférées par les communes relèvent le plus souvent du domaine technique, comme l'eau (production, distribution et assainissement), l'électrification, la gestion scolaire, le ramassage scolaire et les ordures ménagères.
■ Le financement est assuré par les contributions des communes membres. Il s'agit de syndicats dont :
– le **SIVU** (syndicat à vocation unique) : EPCI qui ne dispose que d'une compétence fixée dans ses statuts ;
– le **SIVOM** (syndicat à vocation multiple) exerçant plusieurs compétences ;
– le **syndicat mixte fermé**, qui permet d'associer soit uniquement des EPCI (syndicats de communes) ou des EPCI à fiscalité propre. Bien que soumis aux règles principales relatives aux EPCI, les syndicats mixtes fermés ne sont pas des EPCI ;

– le **syndicat mixte ouvert**, qui rassemble différents échelons de collectivités territoriales, des groupements de collectivités territoriales et d'autres personnes morales de droit public (chambre de commerce et d'industrie, par exemple).

■ Sont rattachées à la forme souple de l'intercommunalité d'autres structures comme :

– les **pôles d'équilibre territorial et rural** (PETR), créés par la loi MAPTAM. Ils correspondent à des établissements publics (notion présentée en fiche 12) constitués par accord entre plusieurs EPCI à fiscalité propre, au sein d'un périmètre d'un seul tenant et sans enclave. Un EPCI ne peut appartenir à plus d'un PETR. Les PETR sont soumis aux règles applicables aux syndicats mixtes, sous réserve des dispositions qui leur sont propres ;

– les **pôles métropolitains** cités au sein de la fiche 7.

■ **La mise en œuvre, antérieure à la loi NOTRe, des schémas départementaux de coopération intercommunale (SDCI) avait déjà abouti à la suppression de 10 % des syndicats de communes et syndicats mixtes.** Début 2011, le nombre des syndicats de communes et syndicats mixtes était de plus de 15 000. Il s'élevait au 1er janvier 2017 à un peu moins de 11 400 dont :

– 7 384 SIVU ;

– 1 085 SIVOM ;

– 1 889 syndicats mixtes fermés ;

– 905 syndicats mixtes ouverts ;

– auxquels s'ajoutent, au plan statistique, 14 pôles métropolitains, 90 pôles d'équilibre territoriaux et ruraux (PETR) et, enfin, 11 établissements publics territoriaux (institués au sein de la métropole du Grand Paris – présentation fiche 9).

2. La forme approfondie – à fiscalité propre

■ Elle répond au regroupement des communes autour d'un projet de développement local. Il s'agit des communautés de communes (CC) ou d'agglomération (CA) et des communautés urbaines (CU – créées en 1966).

■ La loi du 16 décembre 2010, portant réforme des collectivités territoriales (loi RCT) a ajouté les métropoles et les pôles métropolitains. L'affirmation des métropoles est contenue dans la **loi MAPTAM du 17 janvier** 2014 :

– 9 métropoles de droit commun (Bordeaux, Lyon, Nantes, Lille, Rennes, Rouen, Strasbourg, Toulouse et Grenoble) ont alors été mises en place au 1er janvier 2015. Elles ont été rejointes par celle de Brest et Montpellier, puis par celles à statut particulier du Grand Paris, Lyon et Aix-Marseille-Provence ;

– 7 nouvelles métropoles ont été instituées à compter du 1er janvier 2018 : Metz, Orléans, Dijon, Tours-Val de Loire, Clermont Ferrand, Saint Etienne et Toulon.

B| La création d'un EPCI

- **L'État**, par voie législative, intervient sur la mise en place de certaines formes d'EPCI (CU et certaines métropoles).
- Si elle ne vient pas de l'État, l'initiative relève soit d'un ou plusieurs conseils municipaux, à la majorité qualifiée, ou bien du préfet de département, après avis de la commission départementale de coopération intercommunale (CDCI). Le préfet est chargé de construire le schéma départemental de coopération intercommunale (SDCI) conformément à la loi RCT de décembre 2010.
- Un arrêté préfectoral de périmètre instaure la structure intercommunale en donnant la liste des communes concernées, qui ont ensuite 3 mois pour approuver l'arrêté préfectoral. Est requise, pour officialiser l'arrêté de création, une majorité qualifiée au moins des 2/3 des conseils municipaux représentant plus de la moitié de la population totale ou de la moitié des conseils municipaux représentant les 2/3 de la population.

C| La gouvernance des EPCI

- Elle est similaire à celle des collectivités territoriales.
- Un président, organe exécutif, est élu parmi les délégués des communes.
- Une assemblée délibérante composée des délégués des communes élus au suffrage universel direct par fléchage, depuis mars 2014, à partir des listes présentées aux élections municipales (excepté pour les communes de moins de 1 000 habitants dont l'organe délibérant continue à désigner ses représentants en son sein).

Fiche 7

L'intercommunalité : les compétences obligatoires des structures à fiscalité propre

Les compétences des EPCI sont régies par les principes de spécialité et d'exclusivité.

1 Deux grands principes

■ Selon le **principe de spécialité**, propre à tous les établissements publics, un EPCI ne peut intervenir que dans le champ des compétences qui lui ont été attribuées - le principe de spécificité fonctionnelle – et à l'intérieur de son périmètre – principe de spécialité territoriale.

■ En application du **principe d'exclusivité**, les EPCI sont les seuls à pouvoir agir dans les domaines se rattachant à leurs compétences.

■ Définies par la loi, les compétences obligatoires des EPCI à fiscalité propres ont été rationnalisées par la loi NOTRe.

Leur exercice concerne les interventions stratégiques de l'action publique : développement économique, aménagement de l'espace communautaire, création et gestion d'infrastructures, politique de la ville et du logement social, collecte et traitement des déchets...

Le niveau d'intervention est détaillé, ci-après, pour les structures les plus importantes (communautés urbaines et métropole) avec la mention des synergies à trouver, pour certains domaines, avec l'État, le département ou la commune par voie de convention.

2 Les communautés de communes

Selon l'article L5214-16 du CGCT, la communauté de communes exerce, actuellement, de plein droit en lieu et place des communes membres, les compétences relevant de chacun des groupes suivants :

1° L'aménagement de l'espace pour la conduite d'actions d'intérêt communautaire ; schéma de cohérence territoriale et schéma de secteur ; plan local d'urbanisme, document d'urbanisme en tenant lieu et carte communale.

2° Les actions de développement économique dans les conditions prévues à l'article L4251-17 du CGCT ; création, aménagement, entretien et gestion de zones d'activité industrielle, commerciale, tertiaire, artisanale, touristique, portuaire ou aéroportuaire ; politique locale du commerce et soutien aux activités commerciales d'intérêt communautaire ; promotion du tourisme, dont la création d'offices de tourisme.

Par dérogation, les communes touristiques érigées en stations classées de tourisme en application des articles L. 133-13 et L. 151-3 du Code du tourisme ou qui ont engagé, au plus tard le 1er janvier 2017, une démarche de classement en station classée de tourisme peuvent décider, par délibération prise avant cette date, de conserver l'exercice de la compétence « promotion du tourisme, dont la création d'offices de tourisme ».
3° La gestion des milieux aquatiques et la prévention des inondations, dans les conditions prévues à l'article L. 211-7 du Code de l'environnement.
4° L'aménagement, l'entretien et la gestion des aires d'accueil des gens du voyage et des terrains familiaux locatifs définis aux 1° à 3° du II de l'article 1er de la loi n° 2000-614 du 5 juillet 2000 relative à l'accueil et à l'habitat des gens du voyage.
5° La collecte et le traitement des déchets des ménages et déchets assimilés. Depuis le 1er janvier 2020 s'ajoutent les 2 compétences suivantes.
6° L'assainissement des eaux usées.
7° L'eau.
Ces deux dernières compétences font toutefois l'objet d'un retour vers les communes selon les dispositions de la loi du 27 décembre 2019.

3 La communauté d'agglomération

Selon l'article L5216-5 du CGCT, la communauté d'agglomération exerce de plein droit au lieu et place des communes membres les compétences suivantes :
1° Le développement économique :
– création, aménagement, entretien et gestion de zones d'activité industrielle, commerciale, tertiaire, artisanale touristique, portuaire ou aéroportuaire ;
– politique locale du commerce et soutien aux activités commerciales d'intérêt communautaire ;
– promotion du tourisme dont la création d'offices de tourisme.
2° L'aménagement de l'espace : schémas de cohérence territoriale et schémas de secteur, PLUI, document d'urbanisme en tenant lieu et carte communale, création et réalisation de ZAC d'intérêt communautaire, organisation des transports urbains.
3° L'habitat : programme local de l'habitat, politique du logement d'intérêt communautaire, actions et aides financières en faveur du logement social d'intérêt communautaire, réserves foncières, actions en faveur du logement des personnes défavorisées, amélioration du parc immobilier bâti d'intérêt communautaire.
4° La politique de la ville : dispositifs contractuels de développement urbain, de développement local et d'insertion économique et sociale prévention de la délinquance.
5° La gestion des milieux aquatiques et prévention des inondations.
6° L'entretien et la gestion des aires d'accueil des gens du voyage.

7° La collecte et le traitement des déchets.
8° L'assainissement des eaux usées (depuis le 01/01/2020).
9° L'eau (depuis le 01/01/2020).

4 Les communautés urbaines

A| Les compétences des communautés urbaines

Selon l'article L.5215-20 du CGCT, la communauté urbaine exerce de plein droit, en lieu et place des communes membres, les compétences suivantes :
1° Le développement et l'aménagement économique, social et culturel de l'espace communautaire, y compris la promotion du tourisme et le soutien des établissements d'enseignement et de recherche...
2° L'aménagement de l'espace communautaire : schéma de cohérence territoriale, plan local d'urbanisme et documents d'urbanisme, constitution de réserves foncières, organisation de la mobilité...
3° L'équilibre social de l'habitat : programme local de l'habitat, politique du logement, opérations programmées d'amélioration de l'habitat, actions de réhabilitation et résorption de l'habitat insalubre...
4° La politique de la ville : élaboration du diagnostic du territoire et définition des orientations du contrat de ville, dispositifs locaux de prévention de la délinquance, programmes d'actions définis dans le contrat de ville...
5° La gestion des services d'intérêt collectif : assainissement et eau, création, extension des cimetières, des crématoriums et des sites cinéraires, abattoirs marchés et marchés d'intérêt national, services d'incendie et de secours, contribution à la transition énergétique, création, aménagement, entretien et gestion de réseaux de chaleur ou de froid urbains, concessions de la distribution publique d'électricité et de gaz, création et entretien des infrastructures de charge de véhicules électriques.
6° La protection et la mise en valeur de l'environnement et de politique du cadre de vie : collecte et traitement des déchets des ménages et déchets assimilés, lutte contre la pollution de l'air et les nuisances sonores...
7° L'aménagement, l'entretien et la gestion des aires d'accueil des gens du voyage...

B| Les compétences exercées pour le département

Par convention passée avec le département, une communauté urbaine peut exercer pour le département tout ou partie des compétences dans le domaine de l'action sociale, attribuées en vertu des articles L. 121-1 et L. 121-2 du Code de l'action sociale et des familles : « Le conseil de la communauté urbaine est consulté par le conseil régional lors de l'élaboration du contrat de plan conclu entre l'État et la région... »

C| Les compétences exercées pour les communes membres

Par application de l'article L.5215-20-1 du CGCT, les communautés urbaines existantes à la date de promulgation de la loi n° 99-586 du 12 juillet 1999 relative au renforcement et à la simplification de la coopération intercommunale continuent d'exercer à titre obligatoire, en lieu et place des communes membres, les compétences suivantes :

1° Les chartes intercommunales de développement et d'aménagement, schémas de cohérence territoriale, plans locaux d'urbanisme ou documents d'urbanisme en tenant lieu, programmes locaux de l'habitat, constitution de réserves foncières, les conseils municipaux devant être saisis pour avis...

2° La définition, la création et la réalisation d'opérations d'aménagement d'intérêt communautaire...

3° Abrogé.

4° La construction, l'aménagement et l'entretien des locaux scolaires...

5° Les services d'incendie et de secours...

6° L'organisation de la mobilité...

7° Les lycées et les collèges...

8° L'eau, l'assainissement, à l'exclusion de l'hydraulique agricole, les ordures ménagères, la création, l'aménagement, l'entretien et la gestion de réseaux de chaleur ou de froid urbains...

9° La création et l'extension de cimetières, crématoriums...

10° Les abattoirs, les marchés d'intérêt national...

11° La voirie et la signalisation, la création et l'entretien des infrastructures de charge de véhicules électriques...

12° Les parcs et les aires de stationnement...

13° L'aménagement, l'entretien et la gestion des aires d'accueil des gens du voyage...

14° La contribution à la transition énergétique...

15° La concession de la distribution publique d'électricité et de gaz.

Ces compétences peuvent toutefois ne pas inclure tout ou partie de celles mentionnées aux 2°, 9°, 11° et 12° pour les équipements ou opérations principalement destinés aux habitants d'une commune, s'il en a été décidé ainsi lors de la création de la communauté ou postérieurement à celle-ci selon les règles de majorité qualifiée requises pour cette création.

5 Les métropoles

Selon l'article L.5217-2 du CGCT, la métropole exerce de plein droit, en lieu et place des communes membres, les compétences qui suivent.

Remarque : pour la majorité des intitulés, les contenus sont identiques aux compétences obligatoires décrites pour les communautés urbaines. S'y reporter.

1° Le développement et l'aménagement économique, social et culturel...

2° L'aménagement de l'espace métropolitain...

3° La politique locale de l'habitat...
4° La politique de la ville...
5° La gestion des services d'intérêt collectif...
6° La protection et la mise en valeur de l'environnement et la politique du cadre de vie...

A| Des compétences peuvent être déléguées par l'État par convention

1° L'attribution des aides au logement locatif social...
2° La garantie du droit à un logement décent et indépendant...
3° La mise en œuvre de la procédure de réquisition avec attributaire...
4° La gestion de la veille sociale, de l'accueil, de l'hébergement et de l'accompagnement au logement de toute personne ou famille sans domicile ou éprouvant des difficultés particulières d'accès au logement...
5° L'élaboration, la contractualisation, le suivi et l'évaluation des conventions d'utilité sociale...
6° La délivrance aux organismes d'habitations à loyer modéré des agréments d'aliénation de logements...

B| Des groupes de compétences

■ Par convention passée avec le département, la métropole exerce à l'intérieur de son périmètre, par transfert, en lieu et place du département, ou par délégation, au nom et pour le compte du département, tout ou partie des groupes de compétences suivants :
1° L'attribution des aides au titre du fonds de solidarité pour le logement...
2° Les missions confiées au service public départemental d'action sociale...
3° L'adoption, adaptation et mise en œuvre du programme départemental d'insertion...
4° L'aide aux jeunes en difficulté...
5° Les actions de prévention spécialisée auprès des jeunes et des familles en difficulté ou en rupture avec leur milieu...
6° Les personnes âgées et action sociale...
7° Le tourisme...
8° La construction, reconstruction, aménagement, entretien et fonctionnement des collèges...
9° La gestion des routes classées dans le domaine public routier départemental ainsi que de leurs dépendances et accessoires...
La convention précise les compétences ou groupes de compétences transférés ou délégués, les conditions financières du transfert ou de la délégation et, après avis des comités techniques compétents, les conditions dans lesquelles tout ou partie des services départementaux correspondants sont transférés ou mis à disposition de la métropole. Ces services ou parties de service sont placés sous l'autorité du président du conseil de la métropole.

■ À défaut de convention entre le département et la métropole au 1er janvier 2017 sur au moins trois des groupes de compétences mentionnés aux 1° à 8°, la totalité de ceux-ci, à l'exception de ceux mentionnés au 8°, sont transférés de plein droit à la métropole. Ces transferts donnent lieu au transfert concomitant de ressources.

C| L'exercice de compétences régionales

Par convention passée avec la région, et selon l'article L4221-1-1 du CGCT, une métropole peut prendre en charge le développement économique, social, sanitaire, culturel et scientifique de la région, ainsi que le soutien à l'accès au logement et à l'amélioration de l'habitat, la politique de la ville et la rénovation urbaine, le soutien aux politiques d'éducation et la promotion des langues régionales.
Les services concernés par ces transferts de compétences demeurent des services régionaux. Ils sont mis à la disposition de la métropole pour exercice de ses compétences.

6 Le transfert des pouvoirs de police spéciale aux EPCI à fiscalité propre

Au vu de l'article L5211-9-2 du CGCT, deux pouvoirs de police peuvent être assumés par les exécutifs des EPCI à fiscalité propre – communautés de communes, d'agglomération, urbaines et métropoles. Ces pouvoirs se rapportent aux aires d'accueil des gens du voyage et à la sécurité des manifestations culturelles et sportives.

7 Les pôles métropolitains

Créé par la loi n° 2010-1563 du 16 décembre 2010 et objet de l'article L.5731 du CGCT, « le pôle métropolitain est un établissement public constitué par accord entre des établissements publics de coopération intercommunale à fiscalité propre, dont au moins 1 regroupe plus de 100 000 habitants. Il a pour objet des actions d'intérêt métropolitain en matière de développement économique, de promotion de l'innovation, de la recherche, de l'enseignement supérieur et de la culture, d'aménagement de l'espace par la coordination des schémas de cohérence territoriale dont le périmètre est identique à celui des établissements publics de coopération intercommunale qui composent le pôle, et de développement des infrastructures et des services de transport au sens des articles L. 1231-10 à L. 1231-13 du code des transports.
Il s'agit de promouvoir un modèle de développement durable du pôle métropolitain et d'améliorer la compétitivité et l'attractivité de son territoire, ainsi que l'aménagement du territoire infra-départemental et infrarégional.

Fiche 7

Les organes délibérants de chaque établissement public de coopération intercommunale se prononcent, par délibérations concordantes, sur l'intérêt métropolitain des compétences transférées au pôle métropolitain. »

Les pôles métropolitains sont soumis aux règles applicables aux syndicats mixtes, sous réserve des dispositions qui leur sont propres.

Les régions et les départements peuvent également adhérer à un pôle métropolitain.

L'intercommunalité : les compétences optionnelles des communautés de communes et d'agglomération

Sous réserve que les communes concernées déterminent l'intérêt communautaire des compétences exercées, les compétences optionnelles sont plus importantes à mesure que l'EPCI est intégré. Elles sont optionnelles dans la mesure où, lors de la création de la CC, il appartient aux communes concernées de faire un choix préalable. Une fois ce choix inscrit dans les statuts, les compétences concernées s'appliquent à toutes les communes membres.

1 La communauté de communes

Elle peut opter pour les compétences relevant d'au moins 3 des 9 groupes suivants sous réserve du passage en compétences obligatoires, en 2020, de l'Assainissement et de l'Eau.

1° La protection et mise en valeur de l'environnement...

2° La politique du logement et du cadre de vie...

3° La politique de la ville...

4° La création, l'aménagement et l'entretien de la voirie...

5° La construction, l'entretien et le fonctionnement d'équipements culturels et sportifs d'intérêt communautaire et d'équipements de l'enseignement préélémentaire et élémentaire d'intérêt communautaire...

6° L'action sociale d'intérêt communautaire...

7° L'assainissement des eaux usées...

8° L'eau...

9° La création et la gestion de maisons de services au public et la définition des obligations de service public...

2 La communauté d'agglomération

Elle doit exercer en lieu et place des communes au moins 3 compétences parmi les 7 suivantes, avec, pour l'assainissement des eaux usées et pour l'eau, le passage en compétences obligatoires depuis 2020. Le choix de ces compétences est arrêté par décision des conseils municipaux des communes intéressées dans les conditions de majorité qualifiée requise pour la création :

1° La création ou l'aménagement et l'entretien de voirie d'intérêt communautaire, la création ou l'aménagement et la gestion de parcs de stationnement d'intérêt communautaire...

2° L'assainissement (en 2020).
3° L'eau (en 2020).
4° La protection et la mise en valeur de l'environnement et du cadre de vie...
5° La construction, l'aménagement, l'entretien et la gestion d'équipements culturels et sportifs d'intérêt communautaire...
6° L'action sociale d'intérêt communautaire...
7° La création et la gestion de maisons de services au public et la définition des obligations de service au public afférentes...

La métropole du Grand Paris (MGP)

En place depuis le 1er janvier 2016, par application de la loi MAPTAM du 27 janvier 2014, la Métropole du Grand Paris est en cours de développement. La MGP regroupe la commune de Paris et les 123 communes des départements de la Petite Couronne : Hauts-de-Seine, Seine-Saint-Denis et Val-de-Marne. S'ajoutent 7 communes : Argenteuil dans le Val d'Oise et Paray-Vieille-Poste, Morangis, Athis-Mons, Juvisy-sur-Orge, Viry-Châtillon, Savigny-sur-Orge dans l'Essonne. Ces 131 communes totalisent près de 7,5 millions d'habitants.

1 Les établissements publics territoriaux (EPT)

- La loi MAPTAM avait prévu la création de subdivisions de la MGP en territoires, organismes dépourvus de la personnalité morale, mais dotés d'institutions et de compétences déléguées.
- La loi NOTRe les a définis plus précisément en les constituant comme **établissements publics territoriaux (EPT)**, personnes morales de droit public soumis au régime des syndicats de communes et aux dispositions spéciales des articles L.5219-2 à L.5219-12 du CGCT.
- Au final, le découpage en 12 EPT a été prononcé par les décrets n° 2015-1655 et 2015-1665 du 11 décembre 2015. Ce sont des ensembles urbains d'au moins 300 000 habitants.
- Jusqu'à fin 2020, ils sont financés par la cotisation foncière des entreprises (CFE). La métropole se voit attribuer la cotisation sur la valeur ajoutée des entreprises (CVAE).
À compter de 2021, l'ensemble de la fiscalité économique – la Contribution Économique Territoriale (CET) présentée dans la fiche 17 – sera perçue par la MGP. Les ressources des ETP proviendront alors des contributions des communes membres.
- La ville de Paris s'ajoute à ces 12 ETP. La gouvernance actuelle de la MGP comprend donc 13 ensembles : la ville de Paris, qui n'est pas un ETP, et les 12 ETP cités précédemment.
- Chaque EPT est gouverné par un conseil de territoire. Le nombre de conseillers de territoires est fixé en fonction du nombre d'habitants qu'ils regroupent (art. L. 5219-9-1 du CGCT), soit : 72 conseillers pour les établissements publics de 250 000 à 349 999 habitants ; 80 conseillers pour les établissements publics de 350 000 à 499 999 habitants ; 90 conseillers pour ceux de 500 000 à 699 999 habitants ; 100 conseillers pour ceux de 700 000 à 1 million d'habitants ; 130 conseillers pour ceux de plus de 1 million d'habitants.
- Chaque commune dispose au sein du conseil de territoire d'un nombre de conseillers proportionnel à sa population. Elle désigne ses représentants selon les règles de la proportionnelle à la plus forte moyenne.
- 1 054 conseillers territoriaux ont été désignés.

A| Les compétences de plein droit des EPT

- **Politique de la ville** : élaboration du diagnostic du territoire et définition des orientations du contrat de ville et mise en œuvre de son programme d'action, animation et coordination des dispositifs contractuels de développement urbain, de développement local et d'insertion économique et sociale ainsi que des dispositifs locaux de prévention de la délinquance.
- **Construction, aménagement, entretien et fonctionnement d'équipements culturels, socioculturels**, socio-éducatifs et sportifs d'intérêt territorial…
- **Assainissement et eau**…
- **Gestion des déchets ménagers**…
- **Action sociale d'intérêt territorial**…
- **Élaboration du plan local d'urbanisme intercommunal** (PLUI)…
- **Mise en œuvre du schéma de cohérence territoriale** de la métropole du Grand Paris…
- **Constitution du plan climat-air-énergie**, compatible avec le plan climat-air-énergie territorial de la métropole…

B| Les compétences partagées avec la métropole du Grand Paris

- Procéder à la définition, financer et mettre en œuvre des projets d'aménagement et de restructurations urbaines reconnus « d'intérêt métropolitain ».
- Assurer l'amélioration du parc immobilier bâti et la réhabilitation ou la résorption de l'habitat insalubre « d'intérêt métropolitain ».
- Les communes membres d'intercommunalités créées avant la création de la métropole du Grand Paris avaient transféré certaines de leurs compétences à leur communauté de communes ou d'agglomération. Les lois MAPTAM et NOTRe organisent leur disparition et leur intégration dans les EPT géographiquement concernés.
- La loi NOTRe prévoit dans ce cas que les EPT exercent, pour ces communes, les compétences qui avaient été transférées aux EPCI qu'ils remplacent. « Le conseil de territoire de l'établissement public territorial peut, par délibération, restituer les compétences transférées à titre supplémentaire par les communes membres aux EPCI à fiscalité propre existant au 31 décembre 2015, dans un délai de deux ans suivant la création de l'établissement public territorial ».

2 Les quatre grandes compétences de la MGP

- **L'aménagement de l'espace métropolitain**, depuis le 1er janvier 2017 : élaboration du SCOT (schéma de cohérence territoriale), définition et réalisation d'opérations d'aménagement d'intérêt métropolitain, actions de restructuration urbaine, actions de valorisation, élaboration d'un schéma métropolitain d'aménagement numérique.

- **La politique locale de l'habitat**, depuis le 1er janvier 2017 : programme local de l'habitat avec le plan métropolitain de l'habitat et de l'hébergement (PMHH), politique du logement, amélioration du parc immobilier bâti, résorption de l'habitat insalubre, aménagement entretien et gestion des aires d'accueil des gens du voyage.
- **Le développement et l'aménagement économique, social et culturel** : création aménagement et gestion des zones d'activités industrielle, commerciale, tertiaire, artisanale, touristique, portuaire et aéroportuaire, actions de développement économique, construction aménagement entretien et fonctionnement de grands équipements culturels et sportifs de dimension nationale ou internationale.
- **La protection et la mise en valeur de l'environnement et la politique du cadre de vie** : lutte contre la pollution de l'air et contre les nuisances sonores, soutien aux actions de maîtrise de la demande d'énergie, mise en place et gestion du plan climat-air-énergie territorial, gestion des milieux aquatiques et prévention des inondations.

3 La gouvernance de la MGP

- La métropole est administrée par le **Conseil de la métropole du Grand Paris**, composé de 209 conseillers métropolitains élus.

La répartition entre communes des sièges au conseil métropolitain est effectuée dans les conditions prévues à l'article L. 5211-6-1 du code électoral.

- Est également créée une **Assemblée des maires de la métropole du Grand Paris**. Composée de l'ensemble des maires des communes situées dans le ressort territorial de la métropole, elle se réunit au moins une fois par an pour débattre du programme d'actions et du rapport d'activité de la métropole. Elle formule des avis et des recommandations qui sont transmis au conseil de la métropole.
- Enfin, un **Conseil de développement** réunit les partenaires économiques, sociaux et culturels de la métropole du Grand Paris. Il est consulté sur les principales orientations de la métropole.

Fiche 10

Les modes de scrutins des élections locales

Parmi les quatre critères qui traduisent la libre administration des collectivités territoriales, l'élection par la population de l'organe délibérant est fondamentale. La loi du 17 mai 2013 relative à l'élection des conseillers départementaux, des conseillers municipaux et des conseillers communautaires et modifiant le calendrier électoral et son décret d'application du 18 octobre 2013 ont modifié le code électoral (accessible sur http://www.legifrance. gouv.fr). La loi du 21 février 2014 permet, depuis 2016, de reconnaître le vote blanc (enveloppe vide ou bulletin vierge) signifiant le refus de choisir entre les candidats en lice.

1 Les caractéristiques des modes de scrutins par type de collectivité territoriale

A| Quelques rappels

- **La majorité absolue** : elle correspond à l'obtention de plus de 50 % des suffrages exprimés (votes valides, non blancs).
- **La majorité simple ou relative** : elle s'établit en obtenant le plus grand nombre de voix.
- **Le panachage** : lors d'un scrutin de liste, il permet à l'électeur de voter en faveur de candidats de listes différentes ou de non-candidats, et ainsi de modifier la liste.
- **Le vote préférentiel** autorise les électeurs à établir un classement des candidats.
- **Les scrutins majoritaires** permettent d'attribuer un (scrutin uninominal), deux (scrutin binominal) ou plusieurs sièges (scrutin plurinominal ou de liste) à celui ou à ceux qui ont reçu le plus de voix.
- **Les scrutins proportionnels** dont le mode est simple dans son principe – les sièges sont attribués selon le nombre de voix recueillies – mais complexe dans leur mise en œuvre.
- **Les scrutins mixtes** empruntant des éléments aux systèmes majoritaire et proportionnel.

Par exemple, le mode de scrutin utilisé pour les élections municipales dans les communes de plus de 1 000 habitants a pour but d'assurer une majorité au vainqueur, de permettre des alliances entre les 2 tours et de donner une représentation aux minoritaires.

B| Les élections régionales : le scrutin de liste à 2 tours, avec représentation proportionnelle à la plus forte moyenne, sans panachage ni vote préférentiel

■ Une prime majoritaire de 25 % des sièges est attribuée à la liste ayant obtenu la majorité absolue au premier tour, ou relative au second.
En cas d'absence de majorité absolue au premier tour, un seuil de 10 % des suffrages exprimés pour accéder au second tour est nécessaire. Entre les deux tours, la fusion est possible entre les listes ayant obtenu au moins 5 % des suffrages exprimés.

■ Les assemblées régionales sont élues pour 6 ans avec renouvellement intégral.

■ Les dernières élections régionales ont eu lieu en décembre 2015.
Textes de référence : loi 99-36 du 19 janvier 1999 modifiée par celle du 11 avril 2003.

C| Les élections départementales : le scrutin binominal majoritaire à 2 tours

■ Conformément à la loi du 31 janvier 2007 sur la parité, les candidats se présentent en binôme composé d'une femme et d'un homme. Ils doivent déposer une déclaration conjointe de candidature avant chaque tour de scrutin.
Le binôme des suppléants des candidats doit aussi être composé de 2 personnes de sexe différent.
Au premier tour : pour être élu, le binôme devra recueillir à la fois la majorité absolue et le quart des électeurs inscrits.
Seuls les binômes ayant recueilli 12,5 % des suffrages des électeurs inscrits pourront se présenter au second tour, sous réserve de modalités particulières, prévues par le code électoral, en cas d'une abstention élevée du corps électoral lors du premier tour. Au second tour, la majorité relative suffit pour être élu.

■ Les conseillers départementaux sont renouvelés pour 6 ans.

D| Les élections municipales

1. Pour les communes de moins de 1 000 habitants

■ Il s'agit du scrutin majoritaire plurinominal à 2 tours, avec dépôt obligatoire d'une déclaration de candidature. L'obligation de la parité femme/homme n'est pas requise.

■ Les candidats se présentent sur une liste, mais les bulletins de vote peuvent être librement établis ou modifiés par les électeurs (le panachage).

■ Les suffrages sont décomptés individuellement par candidat et non par liste.

■ Pour être élu au premier tour, un candidat doit avoir obtenu la majorité absolue des suffrages exprimés et avoir recueilli au moins 1/4 des suffrages des électeurs inscrits.

■ Un second tour est organisé pour les sièges restant à pourvoir. L'élection a alors lieu à la majorité relative.

2. Pour les communes de plus de 1 000 habitants

■ Il s'agit du scrutin de liste, à 2 tours, avec représentation proportionnelle à la plus forte moyenne, avec prime majoritaire accordée à la liste arrivée en tête.

■ Le dépôt d'une déclaration de candidature est exigé pour chaque tour de scrutin. Les listes doivent respecter le principe de parité : elles doivent être composées d'autant de femmes que d'hommes, avec alternance obligatoire une femme-un homme.

■ La loi n° 2018-51 du 31 janvier 2018 relative aux modalités de dépôt de candidature a instauré la possibilité, dans les communes de 1 000 habitants et plus, d'ajouter deux personnes supplémentaires sur la liste des candidats à l'élection au conseil municipal. Le décret n° 2018-808 du 25 septembre 2018 précise les dispositions à prendre pour appliquer cette loi.

■ Au premier tour, la liste qui obtient la majorité absolue des suffrages exprimés (50 % des voix plus une) reçoit un nombre de sièges égal à la moitié des sièges à pourvoir. Les autres sièges sont répartis à la représentation proportionnelle à la plus forte moyenne entre toutes les listes ayant obtenu plus de 5 % des suffrages exprimés.

■ Lors de l'éventuel second tour, seules les listes ayant obtenu au premier tour au moins 10 % des suffrages exprimés sont autorisées à se maintenir. Elles peuvent connaître des modifications, notamment par fusion avec d'autres listes pouvant se maintenir ou fusionner. En effet, les listes ayant obtenu au moins 5 % des suffrages exprimés peuvent fusionner avec une liste ayant obtenu plus de 10 %. La répartition des sièges se fait alors comme lors du premier tour.

E| La désignation ou les élections des conseillers communautaires

1. Dans les communes de moins de 1 000 habitants

Les conseillers communautaires représentant les communes de moins de 1 000 habitants au sein des organes délibérants des EPCI sont les membres du conseil municipal désignés dans l'ordre du tableau, c'est-à-dire le maire, puis les adjoints, puis les conseillers municipaux ayant obtenu le plus de voix lors des élections municipales, dans la limite du nombre de représentants auxquels la commune concernée a droit.

2. Dans les communes de plus de 1 000 habitants

■ Les conseillers communautaires, représentant les communes de 1 000 habitants et plus, sont élus au suffrage universel direct, *via* un système de fléchage dans le cadre des élections municipales. L'électeur désigne le même jour sur le même bulletin de vote les élus de sa commune et ceux de l'intercommunalité.

■ Les sièges de conseiller communautaire de la commune sont répartis entre les différentes listes selon le même mode de scrutin que celui appliqué lors de l'élection des conseillers municipaux.
■ Pour chacune des listes, les sièges sont attribués dans l'ordre de présentation des candidats.

F| Les élections des organes exécutifs

Les organes exécutifs sont élus en leur sein par les assemblées délibérantes.

1. L'exécutif régional : le président du conseil régional

■ Il est assisté de la commission permanente qui, comme son équivalent départemental, est composée du président du conseil régional, de vice-présidents et, éventuellement, d'un ou plusieurs autres membres. L'élection du président du conseil régional et celle de la commission permanente se font selon le même mode de scrutin que les instances exécutives départementales.
■ Le mandat du président du conseil régional a la même durée que celle du mandat du conseil régional : 6 ans.

2. L'exécutif départemental : le président du conseil départemental

■ Il est élu par le conseil départemental, parmi ses membres, dans les mêmes conditions que les maires (voir ci-dessous). Son mandat est de 6 ans.
■ Le président du conseil départemental est assisté d'une instance appelée « commission permanente », qui comprend, en plus du président du conseil départemental, des vice-présidents et, éventuellement un ou plusieurs autres membres. Les autres membres de la commission permanente que le président du conseil départemental sont élus par le conseil départemental à la représentation proportionnelle.
Ce système permet la représentation de l'opposition au sein de cette commission.

3. L'exécutif communal : le maire

■ Il est élu par le conseil municipal, parmi ses membres, pour un mandat de 6 ans.
■ L'élection s'effectue au scrutin secret et à la majorité absolue.
■ Si, après deux tours de scrutin, aucun candidat n'a obtenu la majorité absolue, il est procédé à un troisième tour de scrutin et l'élection a lieu à la majorité relative. En cas d'égalité, le candidat le plus âgé est déclaré élu.

G| Les élections des adjoints au maire et vice-présidents des organes délibérants : région, département, commune et EPCI

■ Dès que son élection est acquise, le nouvel exécutif prend la présidence de la séance de l'organe délibérant et il est procédé à l'élection des adjoints et vice-présidents comme des autres membres du bureau.

■ Les listes d'adjoints et de vice-président sont soumises à l'obligation de parité.

■ L'article LO2122-4-1 du CGCT interdit aux personnes n'ayant pas la nationalité française d'être élues maire ou adjoint. Par analogie, un ressortissant d'un pays de l'Union européenne, s'il peut être candidat au mandat de conseiller communautaire, ne peut cependant pas être élu à un poste de président ou de vice-président d'un EPCI ou d'un syndicat mixte fermé.

■ Les désignations s'effectuent au scrutin secret et à la majorité absolue, à 3 tours si nécessaire comme pour l'exécutif communal.

H| La représentation des collectivités territoriales dans les syndicats (SIVU, SIVOM et syndicat mixte)

■ La loi du 17 mai 2013 n'affecte pas le mode de désignation des représentants des communes dans ces structures, lesquels restent élus par les conseils municipaux ou les assemblées délibérantes des EPCI. Une distinction entre les syndicats intercommunaux et les syndicats mixtes est néanmoins nécessaire.

■ La répartition et le nombre de sièges des membres sont fixés dans les statuts de chaque syndicat.

■ Les délégués sortants sont rééligibles.

■ Pour les désignations au comité syndical, les délégués sont élus par le conseil municipal, qui peut porter son choix sur tout citoyen réunissant les conditions requises pour faire partie d'un conseil municipal (art. L.5212-7 du CGCT). Il est alors possible de désigner une personne ayant une compétence particulière au vu de l'objet du syndicat.

■ Les délégués des communes dans les syndicats sont élus par le conseil municipal, au scrutin secret à la majorité absolue (art. L. 5211-7 du CGCT). Si nécessaire, le troisième tour s'effectue à la majorité relative.

I| Les élections de Paris, Lyon et Marseille

■ Depuis la loi du 31 décembre 1982 relative à l'organisation administrative de Paris, Marseille, Lyon (loi PML), les élections s'effectuent par secteurs constitués chacun d'un arrondissement à Paris et à Lyon et de deux arrondissements à Marseille. Dans chaque secteur de la ville, des conseillers d'arrondissement sont élus par un scrutin de liste à deux tours, avec représentation proportionnelle.

■ L'élection des conseillers municipaux et conseillers d'arrondissement a lieu en même temps et selon les mêmes règles, sur la même liste.

■ À l'issue du scrutin, les conseillers d'arrondissements désignent un maire d'arrondissement.

■ La loi du 5 août 2013 (art. 2) supprime l'obligation faite aux maires d'arrondissement d'être également membres du conseil municipal (art. L. 2511-25 du CGCT).

■ En revanche, la fonction de maire de la commune et celle de maire d'arrondissement ou de secteur restent incompatibles.

2 Le statut de l'élu(e) local(e) et le cumul de mandats

■ L'association des maires de France et des présidents d'intercommunalité (AMF) a édité en janvier 2016 un guide de présentation du statut des élus (http://www.amf.asso.fr/document/?DOC_N_ID=7828).

■ La loi organique du 14 février 2014 interdit le cumul de fonctions exécutives locales avec le mandat de député ou de sénateur (à partir de 2017) et la loi ordinaire du 14 février 2014 interdit le cumul de fonctions exécutives locales avec le mandat de représentant au Parlement européen (à partir de 2019).

■ Pour éviter la multiplication d'élections partielles à chaque élection locale, les nouveaux textes autorisent qu'un parlementaire démissionnaire pour cause de cumul des mandats soit remplacé par son suppléant.

Ces dispositions seront applicables à compter du premier renouvellement des assemblées concernées suivant le 31 mars 2017.

Fiche 11

La notion de service public et ses valeurs

Donner un sens au service public suppose d'adosser ce dernier à un certain nombre de valeurs essentielles. Elles se définissent comme suit : les valeurs issues des principes fondamentaux de la République française (liberté, égalité, fraternité, laïcité et intérêt général) ; les valeurs professionnelles propres à la fonction publique française (continuité, intégrité, principes de légalité et de loyauté, neutralité, engagement et respect) ; les valeurs dites « de service » (transparence et responsabilité, adaptabilité, efficience, qualité, gratuité et participation).

1 La notion de service public

■ Constitue un service public, toute activité prise en charge par une personne publique, directement ou sous son contrôle, poursuivant **un but d'intérêt général** et soumise à un régime exorbitant de droit commun.

■ Aujourd'hui, des évolutions majeures ont des répercussions sur les missions des services publics. Les mutations qui impactent les politiques publiques, à tout niveau, trouvent leurs sources dans les phénomènes de la **mondialisation**, pour lesquels sept champs de grandes mutations sont identifiables. Il s'agit des enjeux résultant :
- des transitions écologiques (changements climatiques) ;
- de la qualité de l'action publique ;
- de la démocratie et la citoyenneté ;
- des réformes institutionnelles territoriales et de leurs impacts ;
- des transitions numériques de l'offre de service public (lutte contre la fracture numérique) ;
- de la cohésion urbaine ;
- de la promotion de la santé.

De la sorte, l'action publique connaît des modifications internes profondes touchant la gouvernance, le management, la gestion des ressources humaines, l'évolution des métiers.

■ La **construction européenne** peut aussi remettre en cause le service public « à la française ». Au sein de l'Union européenne (UE), on distingue ainsi les services d'intérêt général (SIG) et ceux d'intérêt économique général (SIEG).

2 Les valeurs fondamentales du service public

A| La liberté

Alors que certains soulignent que « le service public justifie toute extension de l'État et toute restriction des libertés » (Pierre Delvolvé, « Service public et libertés publiques », RFDA, 1985, p. 1), il convient de rappeler que seules les lois peuvent restreindre les libertés dans le strict respect des principes consacrés au sein du bloc de constitutionnalité.

B| L'égalité

Aucune distinction n'est faite entre les usagers : c'est le principe d'égalité d'accès et de traitement.

Ce principe n'interdit pas, cependant, de différencier les modes d'action du service public. Ce sont les réponses aux besoins qui peuvent être différentes dans l'espace et dans le temps selon la diversité de situation des usagers.

C| La fraternité

Les services publics visent la cohésion sociale en assurant des missions dans l'intérêt de tous.

En découle une obligation morale qui tend à la correction des inégalités dans l'intérêt de la société : la solidarité.

D| La laïcité

Fondement de la société française, la laïcité s'exprime dans la liberté de conscience, la liberté de culte, la libre organisation des églises, leur égalité juridique, le droit à un lieu de culte, la neutralité des institutions envers les religions, la liberté d'enseignement, l'encadrement des relations financières entre les collectivités territoriales et les religions et prend corps dans le principe de neutralité des services publics.

E| L'intérêt général

Il décrit la finalité de l'action de l'État au niveau d'un pays. Il ne saurait être réduit à la somme des intérêts particuliers mais s'entend davantage comme la somme des intérêts particuliers et de l'intérêt de la collectivité, ce qui transcende l'intérêt des individus.

En France, l'intérêt général n'a pas de valeur constitutionnelle. Il est le fondement du droit public qui définit le cadre du service public et de ses corollaires : utilité publique, domaine public, ordre public.

L'action administrative trouve sa justification et sa finalité dans la recherche de l'intérêt général sous le contrôle vigilant du juge.

3 La création et la suppression des services publics

Les lois de décentralisation (actes I et II) ont élargi la possibilité pour les collectivités territoriales (CT) de créer des services publics.
Il y a 3 sortes de services publics locaux :
– **les services publics obligatoires** : issus des blocs de compétence. Ils sont créés par la loi. C'est le cas des transferts de compétences de l'État vers les CT ;
– **les services publics facultatifs**, généralement issus de la clause générale de compétence réservée aux communes. Ainsi, les communes peuvent créer les services publics qu'elles estiment opportuns, au vu des attentes de la population (école de musique ou conservatoire à rayonnement régional dans le domaine culturel, de cantine scolaire et de garderies périscolaires, équipements et activités sportifs…) ;
– **les services publics interdits**, puisque les CT ne peuvent fausser la concurrence avec le secteur privé, ou encore pour les services publics relevant de la stricte compétence de l'État.

4 Les grands principes de fonctionnement des services publics, dits lois de Rolland (début 20e siècle)

A| Le principe de continuité : l'essence même du service public

■ Il repose sur la nécessité de répondre aux besoins d'intérêt général et sur l'impératif de sécurité juridique.
Tout service doit fonctionner de manière régulière sans autre interruption que celle prévue par la réglementation en vigueur et au vu des attentes des usagers. Il s'agit d'un principe à valeur constitutionnelle (décision du Conseil constitutionnel du 25 juillet 1979 relative à la continuité du service public de la radio et de la télévision en cas de cessation concertée de travail). Le Conseil d'État en a fait un principe général du droit (PGD) par son arrêt du Conseil d'État – CE de 1980, Dame Bonjean.

■ Le **droit de grève**, également à valeur constitutionnelle, doit être concilié avec la continuité du service public. Il est réglementé par la loi du 31 juillet 1963 qui prévoit :
– le dépôt d'un préavis d'au moins 5 jours francs à l'autorité hiérarchique concernée ;
– la tenue, durant ce préavis, de négociations entre l'administration et les organisations syndicales ;
– l'interdiction des grèves surprises, des « grèves du zèle » et des grèves « tournantes » ou « perlées » par roulement.
À noter que le droit de grève est interdit aux agents exerçant dans la police, l'administration pénitentiaire, les transmissions du ministère de l'Intérieur, la magistrature ainsi qu'aux militaires.

■ Le principe de continuité a induit l'introduction du **service minimum** pour certaines catégories d'agents : ceux de la navigation aérienne, des hôpitaux et récemment dans les transports publics, avec la loi du 27 août 2007 sur le dialogue social et la continuité du service public dans les transports terrestres réguliers de voyageurs.

■ De même, un **service minimum d'accueil** par les communes a été institué (loi du 20 août 2008 créant un droit d'accueil pour les élèves des écoles maternelles et élémentaires durant le temps scolaire) dans les établissements recensant plus de 25 % de grévistes parmi le personnel enseignant. Toutefois, ce principe n'exclut pas qu'un service public soit supprimé : il doit être compris au regard du principe de mutabilité, son corolaire ; l'adaptabilité du service public rend impossible l'exigence de son maintien en l'état ou le refus de sa suppression par les usagers.

B| Le principe de mutabilité, dit aussi « principe d'adaptabilité »

■ Le principe de mutabilité n'est ni un principe à valeur constitutionnelle, ni un principe général du droit (PGD) : il a été dégagé par le Conseil d'État au début du XXe siècle (CE, 10 janvier 1902, Compagnie nouvelle du gaz de Déville-lès-Rouen) mais ce dernier ne lui a pas donné la qualification de PGD.

■ Il s'agit d'assurer de la manière la plus efficace et efficiente la délivrance et la protection de l'intérêt général, lequel est par définition évolutif. Par conséquent, les services et leurs prestations doivent s'adapter aux changements technologiques, sociétaux, démographiques, réglementaires... Il n'y a donc pas de droit acquis, ni pour les agents ni pour les usagers.

■ On comprendra aisément que ce principe prend une résonance particulière dans un contexte de rationalisation des coûts : il peut permettre une réduction des services en période de crise économique ou par choix politiques.

■ Ce principe nourrit le droit des contrats (modification unilatérale des contrats administratifs) et celui des actes unilatéraux (nul n'ayant de droit acquis au maintien d'une réglementation).

C| Le principe d'égalité

■ Il découle du principe d'égalité devant la loi. Le Conseil d'État a érigé le principe d'égalité des usagers devant le service public en principe général du droit (CE du 9 mars 1951, Société des concerts du conservatoire).
Ce principe interdit toute discrimination : dans des situations similaires, les usagers du service public doivent être traités de manière identique. En revanche, si les usagers ne sont pas dans les mêmes situations, des différentiations peuvent être apportées, sous réserve d'être justifiées et fondées sur des critères objectifs. C'est le cas de certaines prestations sociales réservées à des personnes les plus défavorisées, de tarifs variant selon les revenus des familles...

La gratuité n'est pas un principe général, sauf pour certains services publics administratifs obligatoires : police administrative, état civil, justice, service d'incendie et de secours par exemple.

■ Le corollaire du principe d'égalité est l'obligation de **neutralité**, car le service public doit être assuré sans considération des opinions politiques et religieuses de son personnel.
Le respect du principe d'égalité suppose donc le respect de la laïcité.
À ce titre, les agents ne peuvent pas manifester, dans leurs relations avec les usagers, leurs opinions par une décision partiale, un comportement prosélyte, un signe même discret d'appartenance.
En contrepartie, pour les usagers, la loi du 15 mars 2004 encadre le port de signes ou de tenues manifestant une appartenance religieuse dans les écoles, collèges et lycées publics.
La loi du 12 octobre 2010 interdisant la dissimulation du visage dans l'espace public introduit une seconde exception à la libre expression religieuse des usagers du service public.
■ Ces dispositions ont été complétées par la loi n° 2016-483 du 20 avril 2016, parue au JO le 21 avril 2016, relative à la déontologie et aux droits et obligations des fonctionnaires, qui consacre les valeurs fondamentales communes aux agents publics (devoirs d'impartialité, de probité, de dignité ; obligations de neutralité et de réserve ; garantie du respect du principe de laïcité). Elle est venue renforcer le cadre juridique relatif à la déontologie, aux conflits d'intérêts et aux règles de cumuls. La circulaire du 15 mars 2017, relative au respect du principe de laïcité dans la fonction publique, en précise les intentions et les modalités d'application.
Le fonctionnaire exerce ses fonctions en respectant les principes suivants :
- **dignité** : à ce titre, il « traite de façon égale toutes les personnes et respecte leur liberté de conscience et leur dignité » ;
- **impartialité** ;
- **intégrité** ;
- **probité** ;
- **neutralité** ;
- **laïcité** : à ce titre, « il s'abstient notamment de manifester, dans l'exercice de ses fonctions, ses opinions religieuses ».

La gratuité n'est pas un principe général, sauf pour certains services publics administratifs obligatoires : police administrative, état-civil, justice, service d'incendie et de secours par exemple.

D| L'élargissement des principes traditionnels en lien avec la réforme de l'État

■ Il relève de la révision générale des politiques publiques (RGPP) de 2007 à 2011 puis de la modernisation de l'action publique (MAP) à compter de 2012 et aujourd'hui avec le programme « Action publique 2022 ». Ce der-

nier programme vise à réinventer le modèle de conduite des politiques publiques, en s'appuyant notamment sur les leviers du numérique et de l'innovation. Lancé en octobre 2017 par le Gouvernement, il poursuit trois objectifs concrets :
- assurer un meilleur service public pour les usagers ;
- améliorer les conditions d'exercice du métier des agents publics ;
- baisser la dépense publique pour les contribuables.

■ L'amélioration des rapports avec les usagers se traduit par les notions d'accessibilité, de simplicité, de rapidité de transparence, de participation... Ces principes font référence à certains dispositifs comme la « charte QUALIVILLE » pour l'accueil de la population, et sa certification dans les collectivités territoriales.

■ La qualité recouvre les notions d'accessibilité, de fiabilité et de clarté des services publics.
Promu largement par le secteur privé, le concept d'efficience apparaît de plus en plus dans le secteur public. Appliquée au service public l'efficience permet l'optimisation de l'utilisation des ressources publiques associée à une exigence qualitative.

■ L'évaluation des politiques publiques mesure, à l'aide d'indicateurs, leurs performances.

5 Les nouvelles modalités d'exercice du service public

A| Le principe du silence vaut acceptation « SVA »

■ Par application de l'article 21 de la loi du 12 avril 2000 relative aux droits des citoyens dans leurs relations avec l'administration, et, conformément à la loi du 12 novembre 2013 habilitant le gouvernement à simplifier les relations entre l'administration et les citoyens, la règle selon laquelle le silence gardé par l'administration vaut acceptation, est entrée en vigueur pour l'État et ses établissements publics le 12 novembre 2014.
Cette même règle s'applique aux collectivités territoriales et à leurs établissements publics, aux organismes de Sécurité sociale et aux organismes chargés d'un service public administratif depuis le 12 novembre 2015.

■ Des décrets parus au JO du 1er novembre 2014 ont publié 2 listes d'exception au SVA.

■ Au final, la liste des procédures pour lesquelles la règle du SVA s'applique est consultable sur le site Légifrance : http://legifrance.gouv.fr/Droit-français/Silence-vaut-accord-SVA.

B| Pour une République numérique

La loi du 7 octobre 2016 entend encourager l'innovation et garantir à tous l'accès au numérique.

■ Le premier volet de ce texte vise à favoriser la « circulation des données et du savoir » à travers l'ouverture des données publiques et d'intérêt général.
La Commission d'accès aux documents administratifs (la CADA) et la Commission nationale informatique et libertés (la CNIL) auront un rôle essentiel dans la mise en œuvre de ces dispositions.
La création d'un service public de la donnée est confiée à l'État.
■ Le deuxième volet de la loi traite de la protection des citoyens et des consommateurs sur internet.
■ Enfin, la troisième partie du texte de loi est consacrée à l'accès au numérique dans tous les territoires et pour les publics en situation de handicap ou précaires.

C | Vers un allégement des contraintes

■ La loi du 28 octobre 2020 relative à l'accélération et à la simplification de l'action publique vise des objectifs de rationalisation des décisions administratives et l'allégement des contraintes pesant sur les usagers et notamment les entreprises.
■ On retiendra du dispositif de ce texte :
– la disparition ou la fusion de certaines commissions consultatives ;
– la déconcentration de plusieurs types de décisions administratives individuelles (dans les domaines de la culture, de l'économie ou de la santé) ;
– une simplification de certaines démarches administratives (suppression d'un justificatif de domicile pour une inscription au permis de conduire ou du certificat médical pour les enfants pratiquant des activités sportives, par exemple) ;
– des garanties concernant les installations industrielles sur le territoire ;
– une facilitation de la vente en ligne de médicaments pour les pharmaciens ;
– un assouplissement du code des marchés publics.

Les catégories de services publics et leurs modes de gestion

Les collectivités territoriales assurent une grande variété de services publics à l'image de leurs compétences, obligatoires, facultatives ou relevant de leur initiative. On peut distinguer les modes de gestion des services publics selon l'organe gestionnaire : soit le service public est directement ou indirectement géré par une personne publique, soit il est géré par une personne privée.

1 Les principes

■ La loi NOTRe (Nouvelle organisation territoriale de la République) du 7 août 2015 a réservé aux communes la clause de compétence générale. Elles sont donc les seules collectivités territoriales susceptibles de créer des services publics, dits facultatifs, en dehors de leur bloc de compétences.

■ L'intervention d'une collectivité territoriale doit respecter, cependant, le principe de la liberté du commerce et de l'industrie par application des lois des 2 et 17 mars 1791, dites décret d'Allarde, interdisant, en principe, aux personnes publiques de concurrencer l'initiative privée. Dans cet ordre d'idée, l'action de la collectivité ne pourra avoir qu'un caractère subsidiaire.

2 Les deux grandes catégories de services publics

Les critères de distinction de ces 2 catégories ont été posés par la jurisprudence.

Dans son arrêt du 16 novembre 1956 (Union syndicale des industries aéronautiques), le Conseil d'État a retenu 3 critères : l'objet du service, les modalités de fonctionnement et l'origine des ressources financières.

A| Les services publics administratifs (SPA)

■ Le plus souvent obligatoires, ils sont gérés par l'administration, en régie.

■ Les rapports entre un SPA et ses usagers, son personnel et les tiers sont régis par le droit public. En cas de contentieux, les litiges sont du ressort du juge administratif.

■ Au plan financier, ce sont des services financés par l'impôt, avec participation possible des usagers.

B| Les services publics industriels et commerciaux (SPIC)

■ Gérés par une personne privée, ils relèvent du droit privé. Les conditions de gestion d'un SPIC doivent être comparables à celle d'une entreprise commerciale. Par conséquent, les conflits intéressant les SPIC sont de la compétence du juge judiciaire.

■ Ce sont des services équilibrés en dépenses et en recettes par la participation des usagers dans un budget distinct ou annexe.

3 Les modes de gestion directe ou de délégation des services publics

A| La gestion par une personne publique

Le service public peut être géré directement par la personne titulaire de la compétence (c'est la régie) ou le service public peut être géré par une personnalité juridique autonome (c'est l'établissement public).

1. La gestion directe

L'assemblée délibérante de la collectivité décide du mode de gestion de chaque service. Lorsque la gestion des services publics administratifs est exercée en régie, 2 formes sont possibles :

– la collectivité gère directement le service en prélevant sur son budget les moyens financiers, toutes les dépenses engagées sont imputables au budget de la collectivité. C'est la régie simple, qui est le mode normal de gestion des SPA ;

– la régie peut bénéficier de l'autonomie financière, sans disposer de la personnalité morale : cette formule de régie, dite autonome, permet de doter certains services d'un budget distinct et de respecter l'exigence d'équilibre financier. Ce type d'exercice est alors très proche du statut de l'établissement public.

2. L'établissement public

■ Les collectivités territoriales, lorsqu'elles ne gèrent pas directement une activité d'intérêt général, peuvent créer un établissement public. C'est une personne morale de droit public caractérisée par 3 principes : l'autonomie avec un budget propre alimenté par des redevances payées par les usagers et une comptabilité ; le rattachement à la collectivité créatrice ; et la spécialité limitant strictement l'établissement à sa compétence d'attribution.

■ Un établissement public (centre communal d'action sociale, caisse de crédit municipal, office public d'HLM, hôpital, universités, collège et lycée…) peut gérer un SPA ou un SPIC (transport, eau, assainissement…). Il s'agit donc soit d'un établissement public administratif (EPA), soit d'un établissement public industriel et commercial (EPIC).

■ Un même établissement public peut parfois exercer des activités de SPA et de SPIC. C'est alors un établissement public à double visage, à l'exemple des chambres consulaires qui, pour certains aspects de leur activité, sont considérées comme intervenant dans le secteur industriel et commercial (actions de formation par exemple), et pour d'autres sont vues plutôt comme intervenant administratif (activité de réglementation et d'organisation d'une catégorie professionnelle).

■ Les établissements publics sont administrés par un conseil d'administration qui peut associer les représentants de la collectivité de rattachement, des représentants des usagers et de l'État, et parfois des personnes qualifiées dans le domaine d'activité de l'établissement.

B| Les principes de la gestion par une personne privée

1. Délégation de service public et marché public

■ La délégation de service public oblige le délégataire à supporter seul le risque financier de l'exploitation. En effet, dans le cadre d'un marché public, la rémunération est assurée par un prix versé par la collectivité au prestataire. La délégation de service échappe donc au cadre classique de la commande publique en raison du risque qu'elle fait supporter.
Le juge fait ainsi reposer la distinction entre délégation de service public et marché public sur le critère de la rémunération. Si le titulaire est rémunéré par un prix payé par la personne publique, c'est un marché public. Si la rémunération est substantiellement liée aux résultats de l'exploitation, c'est une délégation de service public (DSP).

■ Une collectivité publique, compétente pour exercer une activité de service public, peut décider, pour des raisons de souplesse ou d'efficacité, de confier la gestion de ce service public à une personne privée. Dès le début du 19e siècle, ce mode de gestion du service public est devenu courant pour la gestion des grands services publics (chemin de fer, distribution d'eau ou de gaz).

■ La loi Sapin du 29 janvier 1993, relative « à la prévention de la corruption et à la transparence de la vie économique et des procédures publiques », a imposé de larges mesures de publicité et d'information pour l'exercice de la délégation de service public.

■ La loi du 9 décembre 2016 relative à la transparence, à la lutte contre la corruption et à la modernisation de la vie économique, dite « Sapin 2 », arsenal anticorruption, comporte un train de mesures concernant aussi les collectivités territoriales dont : la création de l'agence française anticorruption (articles 1 à 5), le statut du « lanceur d'alerte » (articles 6 à 16), le répertoire public des représentants d'intérêts (article 25), l'extension du champ du contrôle de la haute autorité pour la transparence de la vie publique (articles 27 à 32), et enfin la modernisation de la domanialité et de la commande publique (articles 34 à 40).

■ Ce texte s'inscrit dans une démarche de rationalisation et de modernisation de la commande publique initiée par la transposition des directives européennes de 2014 (ordonnance n° 2015-899 du 23 juillet 2015 et décret n° 2016-360 du 25 mars 2016). Les principales rubriques de cette réforme de la commande publique intéressent :
– **la consécration du principe de l'allotissement**, un atout pour permettre aux opérateurs locaux d'accéder à la commande publique ;

– **la liste des procédures formalisées**, au nombre de trois – l'appel d'offres (ouvert ou restreint) – le dialogue compétitif et la procédure concurrentielle avec négociation ;
– **la parution prioritaire des avis de consultation au Journal Officiel de l'Union Européenne** (le JOUE), avant toute publication nationale ;
– **l'optimisation du délai de remise des offres** : 35 jours pour les appels d'offres ouverts (30 jours si les plis sont dématérialisés) et 30 jours pour la procédure restreinte (25 jours si dématérialisation) ;
– **la possibilité de régulariser les offres irrégulières** (incomplètes) ;
– **l'obligation d'information du rejet des offres**.

Le décret du 25 mars 2016 a aussi codifié la réglementation relative aux modifications des marchés en cours d'exécution dans ses articles 139 et 140. Enfin, et selon le Plan de la transformation numérique de la commande publique, depuis le 1er octobre 2018, la dématérialisation des marchés publics au-dessus de 25 000 euros est obligatoire. L'observatoire économique de la commande publique (OECP) en a donné le coup d'envoi. Ainsi, les pouvoirs adjudicateurs, et tout particulièrement les communes et les EPCI, doivent, dorénavant, être équipées d'un profil d'acheteur.

■ La réforme de la commande publique est entrée en vigueur le 1er avril 2019, afin de laisser aux acteurs le temps de s'approprier le nouvel outil que constitue alors le code de la commande publique : ce code a la vocation d'être une « boîte à outils » adaptée aux questions des praticiens tant dans les modalités de passation des marchés que dans l'appréciation des aspects contentieux. Le double objectif affiché de ce corpus est d'une part de renforcer la sécurité juridique des contrats ; d'autre part, de garantir l'accès et l'efficacité de la commande publique (laquelle représentait en 2016 près de 8 % du PIB).

2. Les deux formes de gestion déléguée

Ce sont **la délégation unilatérale de service public** – syndicats professionnels, certaines associations (communales de chasse, fédérations sportives), ordres professionnels (ordre des avocats, des médecins par exemple) – et **la délégation contractuelle de service public**.

Selon l'article L.1411-1 du CGCT, « une délégation de service public est un contrat par lequel une personne morale de droit public confie la gestion d'un service public dont elle a la responsabilité à un délégataire public ou privé. La rémunération est liée aux résultats de l'exploitation du service. Le délégataire peut être chargé de construire des ouvrages ou d'acquérir des biens nécessaires au service ».

Au final, la délégation contractuelle se caractérise par 6 points : c'est un contrat ; le contrat est passé par une personne morale de droit public ; le contrat est de droit public ; le contrat confie la gestion d'un service public à un tiers qui assumera le risque de gestion ; la nature du service délégué peut être un SPA comme un SPIC ; la rémunération du cocontractant est assurée principalement par l'usager.

C| Les principales formes de délégation

1. La concession

■ Technique la plus courante en matière de délégation contractuelle, la concession permet à la personne publique (l'autorité délégante) de confier, sous son contrôle, à une personne privée ou éventuellement publique (le concessionnaire) l'exécution d'un service public. L'administration reste libre du choix de son cocontractant. Toutefois, comme pour les marchés publics, elle est liée à des obligations de transparence et de publicité imposées par la loi (celles du 29 janvier 1993 et du 9 décembre 2016). Comme dans l'affermage, le concessionnaire exerce l'activité à ses risques et périls.

■ Contrairement à l'affermage, le concessionnaire doit construire l'ouvrage et les équipements, puis faire fonctionner l'ouvrage. En contrepartie de ces investissements importants et du service fourni, il percevra une redevance (et non un prix comme dans le cadre d'un marché public) sur les usagers du service.

■ Il bénéficie également d'un droit à l'équilibre financier du contrat. Le concédant doit indemniser le concessionnaire des charges qui lui sont imposées en cours d'exécution au nom de la continuité du service public, de son adaptabilité et de son égalité. L'administration reste libre du choix de son cocontractant conformément aux obligations de transparence et de publicité prévues par les lois Sapin.

■ La durée de la concession est en principe équivalente à la durée d'amortissement du bien.

■ À la fin de la concession, le concessionnaire remet gratuitement à la personne publique délégante, les ouvrages et équipements nécessaires au bon fonctionnement du service.

• **Exemple**

Exemples de concessions

La concession d'une chaufferie, un contrat de concession du service des pompes funèbres, une concession municipale d'affichage ou encore d'eau potable et d'assainissement, la concession d'une usine d'incinération. Pour l'État, la forme la plus connue est la concession autoroutière.

2. L'affermage

■ Une personne publique (l'autorité délégante) décide de confier à une personne privée (le fermier) la gestion d'un service public pour une durée déterminée. Dans ce cas, les frais d'équipements (dits frais de premier établissement) sont à la charge de l'autorité délégante.

■ Le fermier se rémunère par des redevances, mais doit verser une surtaxe à la collectivité publique correspondant au droit de gérer le service public et à la jouissance des installations.

■ Le fermier exploite à ses risques et périls le service et les équipements.

- **Exemple**

Exemples d'affermages

La restauration collective à partir d'une cuisine centrale construite par la commune, un parc de stationnement...

3. La régie intéressée

La régie intéressée est un contrat par lequel une personne privée (le régisseur) fait fonctionner, à la demande d'une personne publique, un service public en percevant une rémunération de cette personne publique mais qui, à la différence de celle du fermier, n'est pas fonction des résultats financiers de la gestion. La rémunération du régisseur est forfaitaire, ce qui n'exclut toutefois pas que celle-ci soit variable en fonction des résultats de l'exploitation de l'activité. Le régisseur n'assume pas le risque lié à l'exploitation du service dans les mêmes proportions que le concessionnaire ou le fermier.

4 Les contrôles de la délégation

■ La collectivité doit impérativement contrôler l'exécution du service public. Ce contrôle porte sur les clauses et les résultats financiers des engagements pris par le délégataire, mais aussi sur la qualité et les conditions du service rendu.

■ Dans ces conditions, avant chaque 1er juin, le délégataire remet un rapport tel que prévu par l'article L. 1411.3 du CGCT. Ce document est appelé à être soumis à l'organe délibérant de la collectivité concédante.

■ L'article L. 2143-4 du CGCT prévoit notamment que dans les communes de plus de 10 000 habitants et les EPCI de plus de 5 000 habitants, le contrôle doit associer des usagers au sein d'une commission consultative des services publics locaux. Cette instance est compétente pour tout service délégué ou exploité en régie.

■ Enfin, par application de l'article L. 1411-28 du CGCT, le contrôle de légalité organise un autre contrôle pouvant être conduit par la chambre régionale des comptes (CRC).

Les modes de gestion mixte des services publics : les formules public-privé

Dans le domaine de la gestion publique, le choix entre « faire » et « faire faire » s'est enrichi de la diversification des modes opératoires de la gestion mixte. Le rééquilibrage du partage public-privé donne aux collectivités territoriales une plus grande capacité d'initiative et de contrôle des prestations concernées. Dans certains montages, la collectivité territoriale devient un acteur doté des méthodes d'intervention du secteur privé.

1 Les contrats de partenariat

■ L'ordonnance du 17 juin 2004 les a institués pour les besoins de l'État : construction de prisons, de commissariats et d'hôpitaux. La loi du 28 juillet 2008 a assoupli leur mise en œuvre et les collectivités territoriales ont alors utilisé plus largement le contrat de partenariat public-privé (CPPP).

■ Contrat de longue durée, le CPPP permet de confier à titre onéreux à une entreprise la mission globale de financer, concevoir tout ou partie, construire, maintenir et gérer des ouvrages ou des équipements publics et services. Il a pour but d'optimiser les performances respectives des secteurs public et privé pour réaliser dans les meilleurs délais et conditions les projets qui présentent un caractère d'urgence ou de complexité pour la collectivité : hôpitaux, collèges, systèmes informatiques, infrastructures…

■ Les CPPP s'ajoutent aux deux principaux types de contrat dont disposent les collectivités territoriales : le marché public (dans lequel l'entreprise privée est un simple fournisseur d'un produit, de prestations ou de travaux) et la délégation de service public.

■ Prévus sur le long terme, les CPPP comportent donc une prestation globale et une forte implication du secteur privé sur le plan financier.

2 La société d'économie mixte locale (SEML)

■ La loi du 7 juillet 1983 relative aux sociétés d'économie mixte locales (sociétés anonymes dont le capital est majoritairement détenu par la collectivité créatrice et le solde de ce capital par des partenaires privés) permet « d'exploiter des services publics à caractère industriel et commercial ou toute activité d'intérêt général ». C'est le cas de l'assainissement, des remontées mécaniques, des pompes funèbres ou un service public administratif (office de tourisme, palais des congrès…).

■ Cette association entre le capital privé et le capital public correspond à la gestion d'une entreprise par la simple application des règles normales du droit des sociétés. La SEML reste une personne morale de droit privé. Elle est donc régie par les règles du droit commercial, le droit des sociétés et le droit du travail.

3 La société d'économie mixte à opération unique (SEMOP)

■ Instaurée par la loi n° 2014-744 du 1er juillet 2014, cette société anonyme est composée au minimum de deux actionnaires, l'un privé et l'autre public. La collectivité territoriale ou son groupement doit détenir entre 34 % et 85 % du capital.

■ La spécificité première de cette SEM réside dans le fait qu'elle est constituée pour une durée limitée dans le seul but de conclure et d'exécuter un contrat.

■ Les champs d'intervention de la SEMOP sont larges :
– la réalisation d'une opération de construction, de développement du logement ou d'aménagement ;
– la gestion d'un service public pouvant inclure la construction des ouvrages ou l'acquisition des biens nécessaires au service ;
– toute autre opération d'intérêt général relevant de la compétence de la collectivité territoriale ou du groupement de collectivités territoriales.

■ L'objet unique ne peut être modifié pendant toute la durée du contrat. La SEM sera dissoute de plein droit au terme du contrat.

■ L'opérateur économique sera sélectionné, non pour l'attribution du contrat proprement dit, mais pour une structure à créer. Cette sélection se fera au terme d'une procédure de publicité et de mise en concurrence unique respectant les règles applicables selon la nature du contrat à attribuer et sur la base d'un projet, d'exigences de garanties financières, techniques et opérationnelles prévues dans « le document de préfiguration » de l'appel public à la concurrence.

■ La collectivité actionnaire assure la présidence de la SEMOP, par le biais de son représentant permanent désigné par l'assemblée délibérante.

4 La société publique locale (SPL)

■ La loi du 28 mai 2010 a créé cette forme de gestion mixte. L'article L. 1531.1 du CGCT précise que les collectivités et leurs groupements peuvent créer, dans le cadre des compétences qui leur sont attribuées par la loi, des sociétés publiques locales dont ils détiennent la totalité du capital. Ces sociétés sont compétentes pour réaliser des opérations d'aménagement au sens de l'article L. 300.1 du Code de l'urbanisme (des opérations de construction) ou pour exploiter des services publics à caractère industriel ou commercial (assainissement, distribution de l'eau potable, transport de voyageurs, gestion d'équipements sportifs) ou toutes autres activités d'intérêt général. Ce sont des sociétés anonymes créées par des collectivités locales (ou leurs groupements, dans le cadre de leurs compétences) et régies pour l'essentiel par le code du commerce.

■ Leur capital est détenu à 100 % par au moins deux collectivités territoriales. De ce fait, elles n'auront pas à être mises en concurrence (contrairement aux SEML qui, par la simple présence d'au moins un actionnaire privé dans leur capital, évoluent dans le champ de la concurrence).

5 La société publique locale d'aménagement (SPLA)

C'est un outil d'interventionnisme parapublic créé par la loi du 13 juillet 2006 portant engagement national pour le logement. Les sociétés publiques locales d'aménagement sont régies par l'article L.327-1 du Code de l'urbanisme. Ainsi, les collectivités territoriales et leurs groupements peuvent, à titre expérimental, pour une durée de 5 ans (jusqu'en 2011), prendre des participations dans des sociétés publiques locales d'aménagement dont ils détiennent la totalité du capital. Une des collectivités territoriales ou un des groupements de collectivités territoriales participant à une société publique locale d'aménagement doit détenir au moins la majorité des droits de vote.

6 L'association

Avec une nette dominante dans les secteurs sociaux et culturels, le monde associatif est présent de longue date dans l'action publique. Les collectivités territoriales subventionnent les associations impliquées dans le service public d'intérêt général local.

À ce titre, conformément à la loi du 12 avril 2000 relative aux droits des citoyens dans leurs relations avec les administrations, toute collectivité qui attribue une subvention à une association doit conclure une convention, lorsque le montant alloué dépasse 23 000 euros selon le décret du 6 juin 2001 pris pour application de l'article 10 de la loi du 12 avril 2000 et relatif à la transparence financière des aides octroyées par les personnes publiques.

7 Le groupement d'intérêt public (GIP)

■ Un GIP est une personne morale de droit public dotée de l'autonomie administrative et financière. Le groupement d'intérêt public (GIP) permet à des partenaires publics et privés de mettre en commun des moyens pour la mise en œuvre de missions d'intérêt général. Il est constitué par convention approuvée par l'État.

■ Les GIP ont été créés en 1982 pour les seuls besoins du secteur de la recherche. Leur essor, dans de nombreux domaines de l'action publique,

13

Fiche

notamment l'environnement, la santé et la justice a montré le succès de cette forme de collaboration mais a eu l'inconvénient de multiplier les régimes législatifs et réglementaires (une trentaine en 2011). La loi n° 2011-525 du 17 mai 2011 de simplification et d'amélioration de la qualité du droit a institué un statut législatif des GIP, auquel les conventions constitutives des GIP doivent être conformes depuis le 16 mai 2013. Les GIP créés depuis le 20 avril 2016 doivent en outre respecter les exigences issues de la loi du 20 avril 2016 relative à la déontologie et aux droits et obligations des fonctionnaires.

Les grands principes des finances publiques pour les collectivités

La notion d'autonomie financière des collectivités territoriales (CT) est l'objet de l'article 72-2 de la Constitution. Pour l'exécution budgétaire des CT, les principes du plan comptable général s'appliquent : sincérité, transparence, régularité et indépendance des exercices. Ils sont déclinés en huit points constitutifs du droit budgétaire des CT.

1 L'autonomie financière

- L'article 72-2 de la Constitution stipule : « Les collectivités territoriales bénéficient de ressources dont elles peuvent disposer librement dans les conditions fixées par la loi. Elles peuvent recevoir tout ou partie du produit des impositions de toutes natures. La loi peut les autoriser à en fixer l'assiette et le taux dans les limites qu'elle détermine. Les recettes fiscales et les autres ressources propres des collectivités territoriales représentent pour chaque catégorie de collectivités, une part déterminante de l'ensemble de leurs ressources. »
- L'autonomie financière a été consacrée par la loi organique n° 2004-758 du 29 juillet 2004, qui énonce les catégories de CT concernées, précise leurs ressources propres et le taux de garantie desdites ressources.
- Cette loi a aussi fixé un ratio d'autonomie financière correspondant au rapport entre les ressources propres (ressources fiscales ainsi que redevances et produits du domaine) et les autres ressources (dotations, participations de fonctionnement, subventions d'investissement). Ce ratio se détériore si les premières évoluent moins vite que les secondes.
- Le ratio d'autonomie financière doit être utilisé par référence à la valeur constatée au titre de l'année 2003. Ce ratio est en évolution positive : pour les communes et EPCI il est passé depuis 2003 de 60,80 % à 68,60 % en 2015, pour les départements de 58,60 % à 70,90 % et pour les régions de 55,60 % à 62,50 %. C'est un paradoxe puisque, parallèlement, les marges de manœuvre des CT n'ont jamais été aussi contraintes.
- En septembre 2017 le président de la République a lancé la démarche de contractualisation financière entre l'État et les 322 plus grandes collectivités.

Ces collectivités ont été invitées à signer des contrats avec l'État. En contrepartie de l'engagement de l'État de ne plus baisser brutalement leurs dotations, ces collectivités devront contenir la hausse de leurs dépenses de fonctionnement : pas plus de 1,2 % en moyenne.

Au 30 juin 2018, 230 collectivités avaient signé un contrat avec l'État, soit 71 % des collectivités concernées ; en juillet 2019, les dépenses de fonctionnement des collectivités concernées n'avaient augmenté que de 0,3 %.

2 Les principes généraux du droit budgétaire des collectivités

A| La sincérité budgétaire

Le principe de sincérité implique l'exhaustivité, la cohérence et l'exactitude des informations financières fournies par la collectivité dans l'élaboration et la mise en œuvre de son budget.
Cette sincérité dépendra des informations disponibles au moment de l'établissement des prévisions. Ces dernières ne peuvent jamais être parfaites d'où, pour apprécier la sincérité budgétaire, la distinction entre l'erreur normale et la mauvaise foi.

B| L'unité budgétaire

■ Un seul et unique document budgétaire doit comporter toutes les opérations de dépenses et de recettes, la totalité des charges et des produits. Les exceptions – ou atténuations – à ce premier principe concernent les budgets annexes et les décisions modificatives. Ces dernières sont traitées dans le principe de l'annualité.

■ Les services spécialisés, gérés sous la forme de budgets annexes, sans bénéficier de la personnalité juridique, disposent de l'autonomie budgétaire et financière.

■ Les budgets annexes sont obligatoires pour :
- les services publics industriels et commerciaux (SPIC) : eau, transports, assainissement, pompes funèbres... ;
- les services sociaux et médico-sociaux et les services d'aide-ménagère à domicile soumis à tarification ;
- les services publics administratifs (SPA) gérés dans le cadre d'une régie à seule autonomie financière sur décision de l'assemblée délibérante ;
- les opérations d'aménagement.

■ En 2014, 48 000 budgets annexes (soit 25 milliards d'euros de dépenses) ont été recensés, toutes collectivités confondues, dont 75 % rattachés aux communes.

■ Tout budget annexe est produit à l'appui du budget principal pour faciliter les contrôles de l'assemblée délibérante, du juge des comptes et de la légalité.

C| L'annualité budgétaire

L'année civile, du 1er janvier au 31 décembre, constitue le cadre de prévision et d'exécution du budget. Ce principe connaît des atténuations.

1. La technique des autorisations de programme (AP), des autorisations d'engagement (AE) et des crédits de paiement (CP)

■ La loi du 6 février 1992 relative à l'administration territoriale de la République étend la procédure des AP/CP aux départements, communes et à

leurs établissements publics, à l'exception des hôpitaux et des offices publics d'HLM.
Les objectifs de la mesure visent à renforcer le pilotage et l'anticipation des dépenses en les plaçant dans une perspective pluriannuelle et à améliorer la visibilité financière à moyen terme par une programmation des dépenses. Ces dispositions sont reprises par les articles L. 2311-3, L. 3312-4 et L. 4311-3 du CGCT.

- Les autorisations de programme sont définies comme la limite supérieure des dépenses pouvant être engagées pour le financement des investissements. Elles demeurent valables sans limitation de durée jusqu'à ce qu'il soit procédé à leur annulation. Elles peuvent être révisées. Les AP correspondent à des dépenses à caractère pluriannuel se rapportant à une immobilisation ou à un ensemble d'immobilisations déterminées, acquises ou réalisées par la collectivité ou à des subventions versées à des tiers.
- Les crédits de paiement correspondent à la limite supérieure des dépenses pouvant être mandatées durant l'exercice, pour la couverture des engagements contractés dans le cadre des AP correspondantes. L'article L. 2311-3-II du CGCT prévoit que les dotations affectées aux dépenses de fonctionnement peuvent comprendre des autorisations d'engagement et des CP.
- Les autorisations d'engagement (AE) constituent la limite supérieure des dépenses résultant de conventions, de délibérations ou de décisions, pour lesquelles une collectivité s'engage, au-delà d'un exercice budgétaire, à verser une subvention, une participation ou une rémunération à un tiers.

2. Les décisions modificatives

Des modifications au budget votées par l'assemblée délibérante permettent, au cours de l'exercice budgétaire, d'ajuster les crédits de la section de fonctionnement pour régler les dépenses engagées avant le 31 décembre ou inscrire les crédits nécessaires à la réalisation des opérations d'ordre de chacune des deux sections du budget ou entre les deux sections, dans le délai de 21 jours suivant la fin de l'exercice budgétaire.
Ces délibérations de modifications budgétaires doivent être transmises au représentant de l'État au plus tard 5 jours après le délai limite visé ci-dessus, c'est-à-dire avant le 26 janvier de l'exercice suivant (art. L. 1612-11 du CGCT).

3. La période complémentaire ou journée complémentaire

Il n'existe pas de période complémentaire pour les dépenses d'investissement.
Toutefois, les exécutifs, dénommés « ordonnateurs » (voir ci-dessous), disposent au début de chaque année d'un délai d'un mois pour procéder à l'émission des titres de recettes et des mandats de dépenses de la section de fonctionnement correspondant aux droits acquis et aux services faits pendant l'année précédente.

Il s'agit ainsi de rattacher jusqu'au 31 janvier des opérations budgétaires débutées avant le 31 décembre au budget de l'année précédente.

D| L'universalité budgétaire

■ Le budget doit comporter l'intégralité des recettes et des dépenses, sans compensation entre elles. Produits et charges sont inscrits pour leur montant brut et non pour leur montant net afin de faciliter la mission de surveillance qui incombe aux divers organes de contrôle.

■ Ces règles sont composées de deux sous-principes :

– **la non-contraction** qui signifie que toutes les dépenses et toutes les recettes doivent être prévues et liquidées. Les atténuations admises à ce premier sous-principe concernent certains avoirs sur facture ;

– **la non-affectation** puisque toutes les ressources sont inscrites dans le budget sans qu'elles soient affectées à la couverture d'une dépense précise. Ce deuxième sous-principe connaît aussi des aménagements : certaines taxes ou redevances sont affectées, du fait des textes, à des dépenses particulières : la taxe de séjour, la taxe d'enlèvement des ordures ménagères (TEOM).

De même, les subventions d'équipement reçues sont affectées à un équipement ou à une catégorie d'équipements particuliers et doivent conserver leur destination.

E| L'antériorité budgétaire

L'ordonnateur commence à exécuter le budget primitif de l'année civile de référence après le vote – ou adoption – de ce document par l'assemblée délibérante.

Même si la bonne gestion locale implique de voter le budget dès le début de l'année civile, des atténuations à ce principe existent :

– la possibilité laissée aux collectivités de voter leur budget jusqu'au 15 avril de chaque année budgétaire ;

– ou avant le 30 avril de l'année de renouvellement du conseil municipal (art. L. 1612-12 CGCT).

Dans ces cas, pour les dépenses de fonctionnement, l'exécutif peut ordonnancer les dépenses dans la limite des crédits inscrits l'année précédente. Pour l'investissement, l'exécution budgétaire se fait dans la limite du quart des crédits de l'année précédente et sous réserve de réunir l'assemblée délibérante pour préciser l'objet des anticipations.

F| La spécialité budgétaire

L'autorisation budgétaire accordée à l'exécutif n'est pas globale. Elle est spécialisée par chapitre budgétaire.

La spécialité vise donc à réserver et à utiliser les crédits pour l'objet précis de la dépense prévue. Les instructions budgétaires (M 71 pour les régions, M52 pour les départements, M14 pour les communes et M4 pour les SPIC)

prévoient la description des autorisations budgétaires avec un classement par nature, par fonction et par article.
Exceptions : les instructions budgétaires prévoient des chapitres globalisés pour certaines charges à caractère général et pour des dépenses imprévues qu'il est possible d'inscrire au sein de chaque section dans la limite de 7,5 % des dépenses totales de la section considérée.

G| L'équilibre budgétaire ou équilibre réel

■ Si l'État peut financer un déficit au moyen d'opérations de trésorerie, les CT sont obligées de respecter un équilibre au niveau de chaque section, de façon à éviter qu'elles empruntent pour rembourser le capital de leur dette et qu'elles génèrent des déficits importants.
■ Plusieurs critères cumulatifs astreignent les CT à l'équilibre réel, conformément à l'article L. 1612-4 du CGCT :
– les deux sections (section d'investissement et section de fonctionnement) doivent être équilibrées ;
– les dépenses et les recettes doivent être sincères, sans majoration ni minoration ;
– le remboursement de la part en capital de la dette doit être assuré par des recettes propres d'investissement ;
– toutes les dépenses obligatoires, au sens de l'article L. 2321-3 du CGCT, doivent être correctement évaluées et figurer au budget ;
– lorsque l'exécution du budget du dernier exercice connu a fait apparaître un déficit (constaté au moment du compte administratif), l'équilibre réel du budget n'est assuré que s'il prévoit les mesures nécessaires pour couvrir ce déficit.
■ Au niveau du compte administratif, la collectivité ne peut afficher un déficit supérieur à 10 % des recettes réelles de fonctionnement pour les communes de moins de 20 000 habitants et de plus de 5 % pour les CT plus importantes.

H| La séparation des fonctions de l'ordonnateur et du comptable

■ L'article 2 du décret du 29 décembre 1962 stipule que les fonctions d'ordonnateur et celles de comptable sont incompatibles :
– l'ordonnateur (l'exécutif des CT) décide des dépenses et des recettes, engage les dépenses, liquide les droits et ordonnance les paiements et les recouvrements ;
– le comptable (l'agent de l'État) manie les fonds publics, décaisse les dépenses et recouvre les recettes, financièrement parlant. En cela, il est pécuniairement responsable sur ses propres deniers des opérations qu'il diligente.
■ Toute personne qui manipulerait des fonds publics sans y être juridiquement autorisée encourt une amende et, dans le cas d'un élu, une peine d'inéligibilité de 5 ans. C'est la gestion de fait.

Juridiquement, la seule autorisation possible, pour manier des fonds publics, consiste, sous l'autorité du comptable, à assurer les fonctions de régisseur. Ceci par le biais d'une régie d'avances (les dépenses) et/ou de recettes.

3 L'analyse des finances publiques locales

■ L'article 109 de la loi du 7 août 2015 portant nouvelle organisation territoriale de la République (NOTRe) prévoit que la Cour des comptes établit chaque année un rapport sur la situation financière et la gestion des collectivités territoriales et de leurs établissements publics. Ce rapport est remis au gouvernement et au Parlement.

■ En juin 2020, le sixième rapport a été publié par application de l'article L. 132-8 du Code des juridictions financières. C'est également le fruit du travail conjoint de la cour et des chambres régionales des comptes.

■ Les administrations publiques locales (APUL) constituent l'un des trois secteurs des administrations publiques avec celle de l'État et de la Sécurité sociale. Au sein des APUL, les collectivités locales sont largement prépondérantes, en termes de dépenses, devant les organismes divers d'administration locale (ODAL).

Les ODAL regroupent les établissements publics locaux disposant d'une compétence spécialisée et d'une autonomie de décision : centres communaux d'action sociale (CCAS), caisses des écoles, services départementaux d'incendie et de secours (SDIS), organismes consulaires, établissements publics locaux d'enseignement, etc.

Les documents budgétaires

Le budget est un acte d'autorisation politique, objet d'un vote annuel par l'assemblée délibérante. C'est aussi un acte de prévision obligatoire. L'article 107 de la loi NOTRe du 7 août 2015 a prévu de nouvelles obligations relatives à la présentation et à l'élaboration des budgets locaux, ainsi que les modalités faisant suite aux rapports d'observations des chambres régionales des comptes (CRC).

1 Les règles

■ Pour les communes de 3 500 habitants et plus, ainsi que pour les établissements publics qui comprennent au moins une commune de 3 500 habitants et plus, 2 mois avant son adoption, le budget doit être précédé d'un débat d'orientations budgétaires (DOB) au sein du conseil municipal sur les orientations générales et sur les engagements pluriannuels par application de l'article L. 2312-1 du CGCT. C'est aussi le cas des CCAS.

■ L'article L. 3312-1 retient une disposition analogue pour les départements.

■ Quant aux régions, l'article L. 4311-1 du même CGCT prévoit un délai de 10 semaines précédant l'examen du budget pour la tenue d'un débat sur les orientations budgétaires au sein du conseil régional.

■ Pour les EPCI, comportant au moins une commune de plus de 3 500 habitants, l'article de référence est L.5211-36 du CGCT.

2 La structure et la présentation du budget

A| Les quatre parties constitutives

1. La première partie concerne les informations générales

Ce sont les informations sur le budget avec des données de nature statistiques (population, longueur de la voirie...), fiscale (potentiel fiscal) ou financière (ratios financiers).

2. La deuxième partie est consacrée à la présentation générale du budget

■ Elle est constituée d'un tableau relatif à l'équilibre financier, de la balance générale ainsi que, pour les budgets votés par fonction, d'une récapitulation par groupes fonctionnels.

■ L'équilibre financier permet d'analyser la situation financière de la collectivité, notamment de connaître l'équilibre budgétaire et le niveau d'autofinancement.

■ La balance générale, document récapitulatif de l'ensemble des chapitres budgétaires ouverts par nature, distingue les opérations réelles des opérations d'ordre.

3. La troisième partie est subdivisée en deux sections

Il s'agit de la section d'investissement, puis de la section de fonctionnement avec les dépenses et recettes afférentes.

4. La quatrième partie regroupe les annexes

Elles permettent de compléter l'information des élus et des tiers (le public en particulier) par la production de plusieurs états tels que la présentation croisée par fonction, en cas de vote par nature, l'état de la dette permettant d'apprécier l'encours de la dette ; l'état des immobilisations, l'état du personnel, la liste des concours aux associations.

B| Information des citoyens sur le contenu du budget

■ Dans les 15 jours suivant leur adoption, les budgets sont mis à disposition du public dans les communes et établissements publics de coopération intercommunale (EPCI) et sont consultables en mairie ou au siège de l'EPCI. Le public est avisé de la mise à disposition de ces documents par tout moyen de publicité au choix du maire.

■ Par application de la loi NOTRe, le décret du 23 juin 2016 prévoit la mise en ligne par les collectivités territoriales et par leurs établissements publics de coopération de documents d'informations budgétaires et financières. Dans un délai d'un mois à compter de l'adoption par le conseil municipal du budget primitif et du compte administratif, cette publication devra présenter des informations financières claires et lisibles aux citoyens et s'accompagner du rapport du débat d'orientation budgétaire (DOB), d'une note explicative de synthèse de budget primitif et d'une note explicative de synthèse du compte administratif.

C| Les différentes nomenclatures comptables

■ La nomenclature comptable contient l'ensemble des règles à respecter lors de l'élaboration et de la gestion du budget pour les CT comme pour les organismes publics. Elle détaille : le plan des comptes pour classer les recettes et les dépenses ; le calendrier d'adoption des documents budgétaires ; la présentation et le contenu de ces documents ; les règles de l'exécution budgétaire ; les méthodes d'évaluation et de gestion du patrimoine.

■ Différentes nomenclatures ont été créées : M14 pour les communes, M52 pour les départements, M71 pour les régions, M1, 5, 7 pour les syndicats mixtes, M31 pour les organismes d'habitat social, M61 pour les services départementaux d'incendie et de secours, M832 pour les centres de gestion, M21 pour les établissements de santé, M22 pour les établissements sociaux et médico-sociaux, M4 pour les SPIC, M49 pour l'eau et l'assainissement, etc.

D| Les trois types de classement des dépenses et des recettes

1. Le classement par nature

■ Comme les entreprises soumises au plan comptable général de 1982 (PCG 82), les CT vont utiliser un plan de comptes structuré de façon identique. Les comptes sont composés de deux chiffres :
– les comptes de la classe 1 et 2 s'appliquent à la section d'investissement (recettes et dépenses) ;
– les comptes de la classe 3 sont réservés à la gestion des stocks ;
– les comptes de classe 4 (comptes de tiers) et 5 (comptes de trésorerie) sont utilisés uniquement par le comptable public ;
– les classes 6 et 7 sont consacrées respectivement aux dépenses et aux recettes de fonctionnement.

■ Certains comptes forment un chapitre budgétaire, par application du principe de spécialité, permettant au comptable public un contrôle du respect de la prévision budgétaire.

2. Le classement par fonction

■ Il correspond à l'identification des activités définies par l'INSEE pour des raisons de statistiques nationales.

■ Le répertoire chiffré de ce classement est : 0 pour les services généraux ; 1 pour la sécurité ; 2 pour l'enseignement ; 3 pour la culture, la vie sociale, la jeunesse, le sport et les loisirs ; 4 pour la prévention médico-sociale ; 5 pour l'action sociale ; 6 pour les réseaux et les infrastructures ; 7 pour l'aménagement et l'environnement ; 8 pour les transports ; 9 pour le développement économique.

Ces fonctions sont elles-mêmes subdivisées en sous-fonctions et en rubriques.

3. Le classement par opération

L'opération est un ensemble d'acquisitions (ou immobilisations) et de travaux sur ces immobilisations portant création d'un ouvrage ou de plusieurs ouvrages de même nature : groupe scolaire, collège, centre sportif, médiathèque, locaux administratifs…

E| Les documents de prévision budgétaire

1. Le budget primitif

Sous réserve de respecter le principe de l'antériorité budgétaire, ce document prévoit et autorise toutes les recettes et dépenses pour une année civile.

2. Les décisions modificatives

Voir la fiche 13 « Les grands principes des finances publiques » (C – L'annualité budgétaire).

3. Le budget supplémentaire

Outre sa fonction de correction ou d'adaptation des crédits au cours de l'exercice budgétaire, comme une décision modificative, le budget supplémentaire intègre les résultats comptables de l'exercice précédent comme :
– les reports de crédits : l'inscription au budget de l'exercice en cours de crédits budgétaires, non utilisés au cours de l'exercice précédent ;
– la reprise des résultats : la prise en compte de la modification budgétaire dans le calcul de l'excédent ou déficit du budget.

F| Les documents de réalisation budgétaire

Ils retracent la comptabilité des dépenses et des recettes d'un exercice.

1. Le compte administratif

- Il est produit par l'ordonnateur de la collectivité territoriale ou de l'établissement public.
- Le compte administratif est voté au plus tard le 30 juin de l'année qui suit l'exercice budgétaire auquel il se rapporte.
- Il traduit la réalisation effective des dépenses et des recettes tant en investissement qu'en fonctionnement.

2. Le compte de gestion

- Il est présenté par le comptable public et comporte 2 volets :
  – le 1er, dénommé « comptabilité budgétaire », permet à l'assemblée délibérante de la CT concernée de s'assurer du respect des autorisations budgétaires. Ce document comporte les mêmes éléments que le compte administratif. Il aboutit donc aux mêmes résultats comptables ;
  – le 2e, intitulé « comptabilité générale », permet de retracer la situation patrimoniale de la collectivité.
- Le compte de gestion est présenté lors de la séance de l'assemblée délibérante à laquelle est soumis le compte administratif.

3 Les contrôles sur les budgets et les actes budgétaires et comptables des collectivités

A| Le contrôle du préfet

Depuis l'acte I de la décentralisation, les actes budgétaires des CT doivent être adressés au préfet dans les 15 jours qui suivent leur adoption.

1. Le contrôle de légalité

Le représentant de l'État s'assure que le vote du document budgétaire s'est effectué dans le respect de la règle du quorum et que, pour le budget primitif, le DOB a bien eu lieu dans les délais requis.

2. Le contrôle budgétaire

Il peut intervenir selon les cas d'ouverture de crédits prévus par la réglementation, le non-respect des dates butoirs pour le vote du budget primitif, le retard d'adoption du compte administratif – au-delà du 30 juin – et en cas de déficit excessif (voir dans la fiche 13 « Les grands principes des finances publiques » la rubrique « l'équilibre réel ») ou d'absence d'équilibre réel, l'absence de dépenses obligatoires.

B| Le contrôle de régularité du comptable

Le comptable public est pécuniairement responsable sur ses propres deniers des opérations (encaissements et décaissements) qu'il exécute à la demande de l'ordonnateur. Le comptable public exerce donc un contrôle de régularité visant à vérifier, notamment, la conformité à la réglementation des actes d'exécution budgétaire (titres de recettes et mandats de dépenses), la bonne imputation comptable, la disponibilité des crédits au budget, l'existence d'une trésorerie suffisante, la réalité du service fait, le caractère exécutoire des opérations présentées...

C| L'examen de gestion par la chambre régionale des comptes (CRC)

- Cet examen de la qualité de la gestion d'une collectivité est prévu par la loi du 5 janvier 1982. Il est défini par l'article L.211-8 du code des juridictions financières.
- Les CRC peuvent être conduites à procéder à une évaluation des politiques publiques locales.
- Le rapport d'observations définitives de la chambre clôture l'examen de la gestion. Il comporte une synthèse, des constats et des recommandations.
- La chambre adresse à l'ordonnateur un rapport d'observations provisoires (ROP), auquel il est invité à répondre dans un délai de 2 mois. Une fois la réponse reçue, la chambre arrête un rapport d'observations définitives (ROD) auquel une nouvelle réponse doit être apportée dans un délai d'un an. Le rapport et la réponse doivent alors être communiqués à l'assemblée délibérante de la collectivité, avec la mention des actions entreprises.

D| Le jugement des comptes du comptable par la CRC

- Ce contrôle juridictionnel conduit à l'apurement des comptes. Il s'agit d'effectuer un contrôle de la régularité pour constater que le comptable a bien procédé à toutes les vérifications des mouvements de dépenses et à toutes les diligences nécessaires pour la perception des recettes.
- À l'issue de cette procédure, le comptable public peut bénéficier d'un quitus si ses comptes sont jugés conformes.
- Dans le cas contraire, il est mis en débet. Un système d'assurance (le cautionnement) lui permet d'être en tout ou partie couvert (faute personnelle imputable ou non).

Fiche 16

L'exécution des budgets locaux

L'article D.1617-23 du CGCT encadre juridiquement la dématérialisation des pièces échangées entre l'ordonnateur et le comptable public et le juge des comptes.

1 Les nouvelles dispositions

■ **Selon le CGT**, « l'option pour la dématérialisation des échanges financiers se mue progressivement en une obligation généralisée dans le secteur public local. À la suite des métropoles, dont les échanges financiers avec leur comptable public ont été dématérialisés dès 2017, la plupart des organismes publics locaux ont fait de même à partir du 1er janvier 2019. C'est le sens de l'article 108 de la loi portant nouvelle organisation territoriale de la République du 7 août 2015 qui contient cette obligation pour les départements, les régions, les communes et les établissements publics de coopération intercommunale à fiscalité propre de plus de 10 000 habitants, les offices publics de l'habitat dont le total des recettes courantes figurant au compte de l'exercice 2014 est supérieur à 20 millions d'euros, les autres établissements publics locaux et les centres hospitaliers, y compris régionaux, dont le total des recettes de la section de fonctionnement figurant au compte administratif de l'exercice 2014 est supérieur à 20 millions d'euros.

Notons que l'obligation de facturation électronique, effective depuis le 1er janvier 2020 pour l'ensemble des fournisseurs des acheteurs, complète cette généralisation progressive de l'obligation de dématérialisation.

■ **Toujours selon le CGT**, « une convention-cadre nationale fixe les modalités de dématérialisation de la totalité des pièces échangées entre les acteurs de la chaîne comptable et financière :

– les pièces budgétaires (budgets primitifs, décisions modificatives, compte administratif) ;

– les pièces comptables : les titres de recettes, les mandats de dépenses et les bordereaux récapitulant les titres et les mandats ;

– les pièces justificatives ; toute pièce, autre que les pièces budgétaires et comptables, nécessaire à l'exécution budgétaire et comptable et qui est transmise par l'ordonnateur au comptable public ;

– les documents de toute nature relatifs à la gestion des collectivités locales, leur communication pouvant être demandée par les juridictions financières dans le cadre de leurs procédures non juridictionnelles ».

2 Les responsabilités traditionnelles des ordonnateurs et des comptables publics

A| Les missions des ordonnateurs

1. La comptabilité d'engagement

■ L'article 51 de la loi n° 92-125 du 6 février 1992 relative à l'administration territoriale de la République réaffirme l'obligation pour l'ordonnateur de tenir une comptabilité de l'engagement des dépenses.

■ L'arrêté du 26 avril 1996, relatif à la comptabilité de l'engagement de la dépense des communes, des départements, des régions et de leurs établissements publics, pris pour l'application des articles L. 2342-2, L. 3341-1 et L. 4341-1 du CGCT précise l'obligation de la comptabilité d'engagement. C'est un acte essentiel par lequel un organisme crée à son encontre une obligation de laquelle résulte une charge.

■ Il faut distinguer l'engagement juridique de l'engagement comptable :
- l'engagement comptable précède l'engagement juridique puisqu'il permet de contrôler la disponibilité des crédits ;
- l'engagement juridique correspond à l'acte par lequel la collectivité constate à son encontre l'obligation d'une charge : bons de commande, marchés, conventions, bail, application de dispositions législatives ou réglementaires, acquisitions immobilières, décision juridictionnelle de dommages et intérêts, actes individuels (arrêtés de recrutement ou de nomination), etc.

2. La liquidation des dépenses et des recettes

■ Elle a pour objet de vérifier la réalité de la dette de la collectivité (la dépense) ou du redevable (la recette). Il s'agit d'arrêter le montant de ces mouvements financiers.

■ La liquidation de la dépense se caractérise par 3 phases : la constatation du service fait, la réception de la facture qui fait courir le délai légal de paiement, la validation du service matérialisé par une signature.

■ Pour la recette, la liquidation permet à la collectivité de constater que la somme est effectivement due par un tiers.

3. Le mandatement des dépenses

■ Le mandat matérialise l'ordonnancement de l'ordonnateur. Il est établi pour le montant de la liquidation et donne l'ordre de paiement au comptable public. Il s'accompagne des pièces justificatives selon la liste fixée par les articles D. 1617-19 à D. 1617- 21 du CGCT.

■ Certaines catégories de dépenses à caractère répétitif (limitativement énumérées par les textes en vigueur dans le secteur public local) peuvent faire l'objet à la demande de l'ordonnateur, d'un paiement sans mandatement préalable (dépenses d'électricité, de téléphone, quittances d'eau, redevances de machines à affranchir le courrier, remboursements d'emprunt).

■ Si une dépense obligatoire inscrite au budget n'est pas mandatée (cas de carence de l'ordonnateur), le représentant de l'État peut mettre ce dernier en demeure d'effectuer le mandatement. Si cette demande n'est pas suivie d'effet dans le délai d'un mois, un mandatement d'office est appliqué.

4. La matérialisation des recettes

■ Toute créance d'une collectivité ou d'un établissement public local fait l'objet d'un titre. L'émission des titres intervient dès que la créance peut être constatée et liquidée. Le plus souvent, il s'agit d'un acte pris, émis et rendu exécutoire par l'ordonnateur : arrêtés, baux, contrats, états de recouvrement, déclarations, rôles, etc.

■ Les sommes qui ont été encaissées sans titre par le comptable public (recettes fiscales, subventions) donnent lieu, postérieurement, à l'émission d'un titre de régularisation afin de constater la recette budgétaire dans la comptabilité de la collectivité.

■ Des dispositions particulières ont été prévues au point IV de l'article 1er de la loi n° 80-539 du 16 juillet 1980 modifiée (art. 9 de la loi n° 94-504 du 22 juin 1994) en ce qui concerne la mise en recouvrement des créances résultant d'une décision juridictionnelle passée en force de chose jugée. Aux termes de cet article, l'ordonnateur d'une collectivité territoriale ou d'un établissement public local est tenu d'émettre l'état nécessaire au recouvrement des créances de l'espèce dans le délai de 2 mois à compter de la date de notification de la décision de justice. Faute de dresser l'état dans ce délai, le représentant de l'État adresse à la collectivité territoriale ou à l'établissement public local une mise en demeure d'y procéder dans le délai d'un mois. À défaut, il émet d'office l'état nécessaire au recouvrement de la créance.

5. La tenue de la comptabilité administrative

Il s'agit de connaître en permanence :
- les crédits ouverts en dépenses et les prévisions de recettes ;
- les crédits disponibles pour engagement ;
- les crédits disponibles pour mandatement ;
- les dépenses réalisées et les recettes réalisées ;
- l'emploi fait des recettes grevées d'affectation spéciale.

B| Les missions des comptables publics ou « receveurs »

■ Selon l'article L. 1617-1 du CGCT, les fonctions du receveur sont exercées par un comptable direct de la DGiFP (Direction générale des finances publiques, créée en avril 2008 par la fusion des anciennes directions générales des impôts et direction générale de la comptabilité publique) dont les services sont présents sur l'ensemble du territoire et ayant la qualité de comptable principal. Aux termes de l'article L. 2343-1 du même code, le comptable est chargé seul et, sous sa responsabilité, d'exécuter les recettes et les dépenses, de poursuivre la rentrée de tous les revenus de la collectivité et de toutes les sommes qui lui sont dues, ainsi que d'acquitter les dépenses ordonnancées par l'exécutif jusqu'à concurrence des crédits régulièrement accordés.

■ Sous sa responsabilité personnelle et pécuniaire, le comptable public exerce un certain nombre de contrôles formels précisés par le décret n° 62-1587 du 29 décembre 1962 portant règlement général sur la comptabilité publique (art. 12 et 13). C'est un contrôle portant sur la régularité et en aucun cas sur l'opportunité.

■ Conformément aux dispositions de l'article 11 du décret n° 62-1587 du 29 décembre 1962 portant règlement général sur la comptabilité publique, les comptables publics sont seuls chargés :
- de la prise en charge et du recouvrement des ordres de recettes qui leur sont remis par les ordonnateurs, des créances constatées par un contrat, un titre de propriété ou autre titre dont ils assurent la conservation ainsi que de l'encaissement des droits au comptant et des recettes de toute nature que les organismes publics sont habilités à recevoir ;
- du paiement des dépenses soit sur ordres émanant des ordonnateurs accrédités, soit au vu des titres présentés par les créanciers, soit de leur propre initiative, ainsi que de la suite à donner aux oppositions et autres significations ;
- de la garde et de la conservation des fonds et valeurs appartenant ou confiés aux organismes publics ;
- du maniement des fonds et des mouvements des comptes de disponibilités ;
- de la conservation des pièces justificatives des opérations et des documents de comptabilité ;
- de la tenue de la comptabilité du poste comptable qu'ils dirigent.

3 Quelques procédures ou dispositions particulières

A| Les régies d'avances et de recettes

■ Il faut pouvoir faciliter certaines opérations de dépenses et de recettes de fonctionnement, pour des motifs d'urgence ou en des lieux ou à des heures qui rendent impossible l'intervention du comptable public – droits d'entrée à percevoir sur place (piscine, musée, bibliothèque…) ou menues dépenses d'activités (centre de loisirs sans hébergement, avances de frais de mission…).

■ Pour répondre à ces situations de gestion de terrain, l'assemblée délibérante de la collectivité, avec l'accord du comptable public, peut créer des régies de recettes (encaissement de recettes) et des régies d'avances (paiement de dépenses).

La responsabilité de telles régies est confiée à des agents de la collectivité (les régisseurs et régisseurs suppléants) nommés par arrêté de l'exécutif sur avis conforme du comptable public.
Ils dépendent directement de ce dernier pour la gestion des liquidités qu'ils sont amenés à manipuler.

B| Les opérations d'ordre

1. Opérations d'ordre budgétaire

Elles sont exécutées à l'initiative de l'ordonnateur, mais ne donnent lieu ni à des encaissements ni à des décaissements.

2. Opérations d'ordre non budgétaire

Sans effet sur la trésorerie, elles ne font pas l'objet d'émission de mandats et de titres.
Elles sont seulement constatées dans les écritures du comptable public (transfert des travaux achevés aux comptes d'immobilisations, virement pour solde des amortissements en cas de cession de valeurs immobilisées, affectation du résultat de fonctionnement...).

4 Le contrôle de la gestion

De la maîtrise de l'exécution budgétaire par une collectivité et de la qualité de ses relations de travail avec le comptable public dépendra sa capacité à exercer une analyse financière efficiente des comptes et des résultats constatés.
Trois pistes de travail s'offrent.

A| L'analyse financière rétrospective

Il s'agira d'appréhender l'existence de marges de manœuvre, d'analyser leur évolution dans le temps afin d'identifier les leviers disponibles pour développer de nouveaux projets et les financer.

B| L'utilisation des ratios et d'indicateurs de gestion

- L'objectif sera de comparer les données budgétaires de la collectivité avec celles d'autres collectivités.
- L'article L. 2313-1 du CGCT, en application de la loi Administration territoriale de la République (loi ATR) du 6 février 1992 impose, par ailleurs, le calcul et la publication de ratios obligatoires comme les dépenses et les recettes réelles de fonctionnement par habitant, le produit des impositions directes par habitant, les encours de la dette par habitant, etc.

C| L'analyse financière prospective

Il s'agira de projeter dans le futur les évolutions prévisibles des principales dépenses et recettes réelles de fonctionnement. L'une des premières

approches de cet exercice sera de déterminer l'évolution des capacités d'épargne de la collectivité et sa solvabilité. C'est déterminant pour situer le niveau des projets d'investissement à cours, moyen et long terme.
Ce sera aussi se questionner sur la sensibilité des comptes de la collectivité aux aléas de l'environnement économique, aux accidents de parcours ou aux retournements de la conjoncture.

Fiche 17

Les recettes des collectivités et de leurs groupements à fiscalité propre

La prérogative de puissance publique, dont bénéficient les collectivités, leur donne le pouvoir de lever l'impôt. En 2019, leurs recettes sont constituées comme suit : 52 % de prélèvements obligatoires ; 26 % des transferts en provenance des autres administrations (État, Union européenne) ; 16 % de produit de vente de services et de biens.

1 Le contexte contraint des ressources

- Selon l'obligation faite aux collectivités locales de respecter une « règle d'or », les recettes de fonctionnement doivent toujours couvrir les dépenses de fonctionnement. Le recours à l'emprunt est autorisé uniquement pour le financement de la section d'investissement, à l'exclusion du remboursement des annuités d'emprunt. En 2019, les recettes de fonctionnement ont augmenté de + 2,7 % et se sont élevées à 270 milliards d'euros, 11,1 % du PIB, dont 141 milliards d'euros de recettes fiscales et 48,6 milliards d'euros de concours financiers de l'État.
- Le rapport de l'observatoire des finances et de la gestion publique locales (les finances des collectivités locales – juillet 2020) souligne que l'enveloppe des concours de l'État, dont la DGF, s'est stabilisée ces deux dernières années depuis la baisse de la DGF sur la période 2014-2017. Cette baisse (38,90 milliards d'euros en 2017 contre 52,39 en 2012) avait accru la contrainte financière pesant sur les CT et leurs groupements et fait reculer leur marge de manœuvre.

2 Le panorama des recettes constitutives des budgets des collectivités territoriales

A| Les produits fiscaux directs et indirects

Les recettes de la fiscalité directe et indirecte de l'ensemble des collectivités s'élèvent à 141 milliards d'euros en 2019 (en hausse constante d'environ 3 % par an depuis 2016). Cette augmentation concerne à la fois les impôts locaux et les autres impôts et taxes. Cette seconde catégorie compte principalement la taxe d'enlèvement des ordures ménagères (TEOM), les droits de mutation à titre onéreux (DMTO), la taxe spéciale sur les conventions d'assurance (TSCA) et la taxe intérieure de consommation sur les produits énergétiques (TICPE).

1. La fiscalité directe : quatre taxes locales

■ **La taxe d'habitation (TH)** est due par toute personne physique et morale, qui au 1er janvier, occupe un logement en qualité de propriétaire ou locataire. La taxe est assise sur la valeur locative cadastrale des logements et de leurs dépendances. L'imposition peut faire l'objet de certaines exonérations prévues par le code général des impôts (CGI) ou d'abattements sur décisions de l'assemblée délibérante de la collectivité. **La suppression progressive de la taxe d'habitation** due au titre de la résidence principale est devenue effective pour 80 % des foyers fiscaux avec la mise en place progressive d'un nouveau dégrèvement sur trois ans. Le **dégrèvement** concerne les foyers dont les ressources n'excèdent pas 27 706 € de revenu fiscal de référence (RFR) pour une part fiscale, majorées d'environ 8 000 € pour les deux demi-parts suivantes, soit 43 000 € pour un couple, puis environ 6 000 € par demi-part supplémentaire.
Pour les foyers dont les ressources se situent entre ces limites, il existe un dégrèvement dégressif afin de limiter les effets de seuil. La loi de finances 2020 (JO du 29 décembre 2019) fixe l'exonération de la taxe d'habitation pour tous les foyers en 2023.

■ **La taxe foncière sur les propriétés bâties (TFB)** est assise sur 50 % de la valeur locative des immeubles d'habitation et à usage professionnel. En sont exonérées les propriétés publiques de l'État, des CT et d'établissements publics chargés d'un service public et non productifs de revenus. D'autres exonérations permanentes sont inscrites au CGI : les édifices cultuels, les personnes invalides percevant l'allocation aux handicapés…

■ **La taxe foncière sur les propriétés non bâties (TFNB)** concerne les mêmes CT et EPCI que la TFB et s'applique aux propriétaires de terrains, au 1er janvier de l'année d'imposition. La base d'imposition est celle de la valeur locative cadastrale, diminuée de 20 % pour charges d'entretien. Les structures publiques, comme pour la TFB, ne sont pas assujetties comme également les voies publiques, les terrains ensemencés ou plantés en bois durant les 20 années qui suivent le semis ou la plantation, etc. Des dégrèvements pour la TFB et la TFNB sont également prévus par le CGI.

■ **La contribution économique territoriale (CET)** a remplacé depuis le 1er janvier 2010 la taxe professionnelle (TP). La CET se compose de la cotisation foncière des entreprises (CFE) et de la cotisation sur la valeur ajoutée des entreprises (CVAE), dont le taux, fixé au plan national, est variable selon le chiffre d'affaires. À ces deux composantes principales s'ajoute un impôt forfaitaire sur les entreprises de réseaux (IFER) : énergie, télécoms, transports ferroviaires…

a. La taxe d'enlèvement des ordures ménagères (TEOM)

La taxe d'enlèvement des ordures ménagères (TEOM) est facultative et librement instituée par les communes, elle est additionnelle à la taxe foncière sur les propriétés bâties.

Elle constitue l'un des modes de financement spécifique du service d'élimination des déchets des ménages. Le service peut être financé soit au moyen de la taxe, soit au moyen de la redevance d'enlèvement des ordures ménagères en fonction du service rendu, soit encore purement et simplement sur les recettes du budget.

b. Les autres taxes ou impôts de la fiscalité directe locale.

▸ La taxe intérieure de consommation sur les produits énergétiques (TICPE)

■ La TICPE est perçue par les régions et les départements dans le cadre des financements de compétences transférées. Elle sert de vecteur de compensation :
- du transfert du RMI, puis du RSA, y compris pour sa généralisation ;
- des transferts de compétences prévus, en particulier, dans le cadre de la mise en œuvre de la loi LRL (libertés et responsabilités locales) du 13 août 2004, depuis 2005 pour les régions, et à compter de 2008 pour les départements selon les lois MAPTAM et NOTRe.

▸ La taxe sur les pylônes

Selon l'article 1519A du code général des impôts (CGI), « il est institué une imposition forfaitaire annuelle sur les pylônes supportant des lignes électriques dont la tension est au moins égale à 200 kilovolts ».

▸ La redevance des mines

Les entreprises minières sont, en contrepartie de l'exonération de la cotisation foncière des entreprises qui leur est accordée pour certaines activités, passibles des redevances départementale et communale des mines. La redevance est due pour l'année entière d'après la situation au 1er janvier de l'année d'imposition.

▸ La taxe de balayage

En application de l'article 1528 du CGI, les communes peuvent, sur délibération du conseil municipal, instituer une taxe de balayage, dont le produit ne peut excéder les dépenses occasionnées par le balayage de la superficie des voies livrées à la circulation publique, telles que constatées dans le dernier compte administratif de la commune. La taxe est due par les propriétaires riverains, au 1er janvier de l'année d'imposition, des voies livrées à la circulation publique. En cas de copropriété, la taxe est due par le syndicat de copropriété.

▸ La taxe forfaitaire sur la cession à titre onéreux de terrains nus devenus constructibles

Art 1 529 du CGI : « La taxe forfaitaire sur la cession à titre onéreux de terrains nus qui ont été rendus constructibles du fait de leur classement par un plan local d'urbanisme ou par un document d'urbanisme en tenant lieu dans une zone urbaine ou dans une zone à urbaniser ouverte à l'urbanisation ou par une carte communale dans une zone constructible. »

▸ La taxe sur les friches commerciales

Articles 1530 et 1639 du CGI : « Les communes peuvent, par une délibération, instituer une taxe annuelle sur les friches commerciales situées sur leur territoire ».
« Les établissements publics de coopération intercommunale (EPCI) à fiscalité propre ayant une compétence d'aménagement des zones d'activités commerciales peuvent, par une délibération, instituer cette taxe en lieu et place de la commune.
Les communes membres qui, le cas échéant, percevaient la taxe, ne la perçoivent donc plus à compter de l'année au titre de laquelle l'imposition est établie au profit de l'EPCI doté d'une fiscalité propre. »

▸ La taxe gestion des milieux aquatiques et de prévention des inondations – GEMAPI

Cette taxe est définie par l'article 1530 bis du CGI et s'applique aux communes et aux EPCI.

■ **Communes** : « Les communes qui exercent la compétence de gestion des milieux aquatiques et de prévention des inondations peuvent, par une délibération, instituer et percevoir une taxe en vue de financer la gestion des milieux aquatiques et la prévention des inondations. »

■ **EPCI** : « Les établissements publics de coopération intercommunale à fiscalité propre qui se substituent à leurs communes membres pour l'exercice de la compétence de gestion des milieux aquatiques et de prévention des inondations peuvent, par une délibération, instituer et percevoir cette taxe en lieu et place de leurs communes membres. »

▸ La taxe sur les surfaces commerciales

Cette taxe est due par les établissements, quelle que soit leur forme juridique, qui ont une activité de ventes au détail en l'état et qui remplissent les conditions suivantes :

– la date d'ouverture initiale de l'établissement est postérieure au 1er janvier 1960 ;
– l'établissement existe au 1er janvier de l'année au titre de laquelle la taxe est due ;
– la surface de vente au détail est supérieure à 400 m^2 ou, quelle que soit la surface de vente de l'établissement, celui-ci est contrôlé directement ou indirectement et exploité sous une même enseigne commerciale appartenant à une entreprise « tête de réseau » dont la surface cumulée des établissements est supérieure à 4 000 m^2.

2. La fiscalité indirecte

La fiscalité indirecte locale représente à peu près 15 % de la fiscalité locale. Elle représente donc une part non négligeable des ressources fiscales des collectivités. Cette part est variable selon les catégories de collectivités territoriales bénéficiant de cette fiscalité. La fiscalité indirecte est souvent considérée comme étant une fiscalité d'empilement. À une taxe principale, une collectivité de niveau supérieur peut décider de lever une taxe additionnelle. Il s'agit aussi pour certaines taxes d'un impôt spécialisé, c'est-à-dire perçu par un seul niveau de collectivité.

a. Les droits de mutation

■ Les **droits de mutation à titre onéreux** (DMTO) perçus par les départements ont été mis en place en 2011. Ils s'appliquent sur les droits d'enregistrement et la taxe de publicité foncière, et sont dus à l'occasion d'une « mutation », c'est-à-dire lorsqu'un bien change de propriétaire. Ce transfert de propriété peut se faire à titre gratuit (sans transfert d'argent), lors d'une donation ou d'une succession. Les droits d'enregistrement dus sont alors des droits de mutation à titre gratuit. Quand ce transfert de propriété se fait à titre onéreux (vente, apport à société), les droits d'enregistrement sont appelés « droits de mutation à titre onéreux » (DMTO).

■ Les communes perçoivent la taxe additionnelle aux droits d'enregistrement. Le taux de la taxe communale additionnelle est fixé par l'article 1584 du CGI à 1,20 % pour les mutations à titre onéreux d'immeubles ou de droits immobiliers.

■ Les départements comme les communes peuvent voter des abattements pour l'application des droits de mutation.

b. La taxe d'aménagement

■ Elle est applicable à toutes les opérations d'aménagement, de construction, de reconstruction et d'agrandissement de bâtiments ou d'installations, nécessitant une autorisation d'urbanisme (permis de construire ou d'aménager, déclaration préalable), et aux opérations qui changent la destination des locaux dans le cas des exploitations agricoles.

■ La taxe est composée de 3 parts (communale, départementale et régionale), chaque part étant instaurée par délibération de l'assemblée locale : conseil municipal, conseil départemental et conseil régional (uniquement en Île-de-France).

■ La part communale ou intercommunale est instituée :
- de façon **automatique** dans les communes ayant un plan local d'urbanisme (PLU) ou un plan d'occupation des sols (POS), les communautés urbaines et les métropoles (à l'exception de la métropole du Grand Paris) (sauf renonciation expresse par délibération) ;
- de façon **facultative** dans les autres communes, par délibération du conseil municipal ou de l'EPCI compétent.

■ Le taux de la part communale se situe entre 1 % et 5 %, le taux de la part départementale est unique et ne peut pas dépasser 2,5 % et pour la part régionale (Île-de-France uniquement), le taux ne peut pas excéder 1 %.

c. La taxe spéciale sur les conventions d'assurance (TSCA)

La TSCA, transférée en partie aux départements en 2005 (deux fractions, l'une liée aux transferts de compétences, l'autre pour le financement des services départementaux d'incendie et de secours (SDIS), l'a été en totalité en 2011 dans le cadre de la réforme de la fiscalité locale, ce qui a eu pour effet de quasiment doubler le montant perçu par les départements. Les recettes des départements s'élèvent à 7 Md€ en 2017, en hausse de + 1,6 %. Les départements n'ont aucun pouvoir fiscal sur cette taxe dont le taux est fixé par le Parlement.

d. La taxe sur la consommation finale d'électricité (TFCE)

Facultative, elle est assise sur la consommation d'électricité et mise en recouvrement par le distributeur. Son produit revient aux communes, départements, EPCI, syndicats de communes et métropole de Lyon.

e. La taxe locale sur la publicité extérieure (TLPE)

- Instaurée en 2009, cette taxe locale impose les supports publicitaires fixes (les dispositifs publicitaires, les enseignes, les pré-enseignes) qui sont visibles « de toute voie ouverte à la circulation publique » à l'exception de ceux situés à l'intérieur d'un local.
- Depuis la loi de 2008 sur la modernisation de l'économie, cette taxe s'est substituée aux trois taxes locales sur la publicité existant jusqu'alors : la taxe sur la publicité frappant les affiches, réclames et enseignes lumineuses ; la taxe sur les emplacements publicitaires fixes et la taxe sur les véhicules publicitaires. Perçue au profit du bloc communal, cette taxe concerne toutes les entreprises, quelle que soit la nature de leur activité (commerciales, industrielles, de services...).
- Les communes comme les ECPI peuvent instituer la TLPE. Les communes peuvent le faire par délibération à condition qu'elle soit prise « avant le 1er juillet de l'année précédant celle de l'imposition ». Les EPCI à fiscalité propre (compétents en matière de voirie, de zone d'aménagement concerté ou de zone d'activités économiques d'intérêt communautaire) peuvent également le faire dans les mêmes conditions « à la place de tout ou partie de leurs communes membres ».
- Différents supports sont exonérés tels les affichages de publicités non commerciales, les supports concernant les spectacles ou encore ceux imposés par une convention signée par l'État.

f. La taxe de séjour

Cette taxe facultative est prélevée par les communes touristiques (ou leurs groupements). Elle est payée par les personnes séjournant provisoirement dans ces communes.

g. Le versement pour sous-densité

Le versement pour sous-densité (VSD) est réservé aux zones U (urbaines) et AU (à urbaniser) des PLU ou des POS. Cet outil est destiné à permettre une utilisation plus économe de l'espace et à lutter contre l'étalement urbain. Il se substitue au versement pour dépassement du plafond légal de densité (VDPLD). Ce dispositif permet aux communes et EPCI compétents en matière de PLU qui le souhaitent d'instaurer un seuil minimal de densité par secteur (SMD).

h. La taxe régionale sur les cartes grises

■ Les taxes sur les cartes grises constituent les seuls leviers fiscaux dont disposent les régions.

■ La taxe sur les cartes grises est un impôt constituant la contrepartie financière du transfert de compétences effectuée par l'État vers la région dans le domaine de la formation professionnelle continue et de l'apprentissage.

i. Les taxes diverses

Les taxes diverses comportent la taxe sur les spectacles ; le droit de licence des débits de boissons ; la surtaxe sur les eaux minérales ; la taxe d'usage des abattoirs ; le permis de chasse au profit des communes ; la taxe sur les remontées mécaniques au profit des communes et des départements ; le permis de conduire ; les taxes sur les transports aériens et maritimes en provenance ou à destination de la Corse et des DOM pour les régions ; le prélèvement progressif sur le produit des jeux dans les casinos ; les taxes sur les convois, les inhumations et les crémations prévus à l'article L. 2223-22 du CGCT ; la taxe différentielle sur les véhicules à moteur ; le droit de consommation sur les tabacs ; l'octroi de mer ; la taxe sur les carburants...

B| Les dotations de l'État

Les dotations de l'État représentent 30 % des ressources des collectivités territoriales, dont près de 23 % pour les dotations de fonctionnement. Ces dotations répondent à trois finalités : compensation, péréquation et orientation.

1. Les dotations de fonctionnement

a. La dotation globale de fonctionnement

■ Cette dotation, la plus importante, vise à compenser les charges supportées par les collectivités, à contribuer à leur fonctionnement et à corriger certaines inégalités de richesses entre les territoires. Son montant est établi chaque année par la loi de finances et sa répartition s'effectue à partir des données physiques et financières des collectivités. La DGF est attribuée aux communes, aux établissements publics de coopération intercommunale (EPCI), aux départements et aux régions.

■ Depuis 2018, les régions perçoivent une fraction de TVA en remplacement de leur DGF.

b. Les autres dotations de fonctionnement

D'autres dotations existent, dont la dotation spéciale « instituteurs », la dotation « élu local » pour les communes de moins de 1 000 habitants défavorisées et encore « le fonds de mobilisation départementale pour l'insertion » depuis 2006.

c. La dotation politique de la ville (DPV)

Créée par l'article 172 de la loi de finances pour 2009, la dotation politique de la ville bénéficie chaque année aux communes de métropole et d'outre-mer particulièrement défavorisées et présentant des dysfonctionnements urbains. Cette dotation vise à compléter la logique de péréquation prévalant dans le cadre de la dotation de solidarité urbaine et de cohésion sociale (DSU) par un soutien renforcé aux quartiers prioritaires de la politique de la ville.

2. Les dotations d'équipement

■ **La dotation globale d'équipement des départements** (DGE) est destinée à soutenir l'effort d'investissement des départements en matière d'équipement rural (infrastructures publiques en milieu rural, tourisme vert ou encore habitat rural).

Depuis 2011, la DGE des communes a fusionné avec la dotation de développement rural pour former la dotation d'équipement des territoires ruraux (DETR).

■ **Le fonds de compensation de la taxe à la valeur ajoutée (FCTVA)** compense, avec un décalage de 2 ans, la TVA payée par les CT sur leurs dépenses d'équipement.

3. Les dotations de compensation

Une première catégorie est destinée à prendre en compte les transferts de compétences de l'État aux CT. Ce sont, en particulier, la dotation relative à la formation professionnelle et la dotation générale de décentralisation (DGD).

D'autres dotations servent aussi à compenser les exonérations et dégrèvements législatifs consentis par l'État sur la fiscalité locale (exonérations de bases et mesures d'allégement de la fiscalité économique, dans le cas de la contribution économique territoriale – CET).

C | Les produits d'exploitation et du domaine

Les tarifs des services publics locaux sont fixés librement par les collectivités locales depuis le 1er janvier 1987 en application de l'ordonnance du 1er décembre 1986 relative à la liberté des prix et de la concurrence. Les recettes correspondantes sont constituées par les redevances et les rémunérations de services rendus payés par les usagers.

D | Le financement par l'emprunt

■ Le financement de l'investissement porté par les collectivités locales s'effectue par l'autofinancement, les subventions et l'emprunt. La troisième voie du financement prend la forme d'emprunts, à taux fixe ou variable, dont la souscription requiert une délibération de l'assemblée délibérante.

■ Depuis une dizaine d'années, le régime financier des emprunts a été profondément modifié sous les effets du décloisonnement du marché et de la diversification des prêteurs. Le recours au marché des capitaux a permis de distinguer le financement « intermédié » (les banques, mode le plus largement répandu) du financement « désintermédié » (le marché financier international), apanage de produits sophistiqués et à risques. Certaines CT ont, ainsi, pris des engagements devenus parfois des « emprunts toxiques » suite à la crise bancaire et financière – les conséquences de dérives comme les « subprimes ».

■ En parallèle, la réduction de l'offre bancaire – avec la disparition de Dexia – a confronté le secteur public et les CT à de grandes difficultés pour boucler les plans de financement.

■ De la sorte, plusieurs CT ont créé l'Agence France Locale (AFL), un nouvel instrument de financement des investissements locaux, au service exclusif des collectivités. Inspirée des agences d'Europe du Nord. L'Agence France Locale a pour objectif de : permettre aux collectivités d'être autonomes et de se financer par elles-mêmes ; sécuriser leur capacité à financer leurs investissements ; diversifier leurs sources de financement ; fournir des prêts avantageux aux collectivités.

■ Depuis, la Banque Postale s'est positionnée pour financer les investissements territoriaux.

Les dépenses des collectivités et de leurs groupements à fiscalité propre

Les dépenses répondent à un classement économique résultant des modalités de la construction budgétaire : la répartition entre l'investissement et le fonctionnement. Elles obéissent aussi à des règles juridiques permettant de distinguer les dépenses obligatoires des dépenses facultatives et encore les dépenses interdites.

1 Quelques chiffres

■ Le poids des dépenses des collectivités dans l'économie est considérable. En 2018, le volume total des dépenses des administrations publiques locales (APUL) a représenté 260,4 milliards d'euros (hausse de + 2,0 % en 2018), dont 137,7 milliards pour le fonctionnement, 72,9 milliards de prestations et transferts versés et 48,5 milliards en investissements.

■ En 2018, trois postes se dégagent de la ventilation des dépenses : les affaires économiques (19 %), la protection sociale (20 %) et les services généraux (20 %).

■ Les APUL ont poursuivi l'effort d'investissement dont on note une accélération depuis 2017 après trois années consécutives de baisse. Leur formation brute de capital fixe (FBCF) représente 57,9 % de l'investissement public en 2018.

■ En 2016, le budget des collectivités locales et leurs groupements à fiscalité propre atteint 227,53 milliards d'euros. Le secteur communal totalise près de 56 % de ces dépenses, avec 126,82 milliards d'euros. Les budgets des départements et des régions s'établissent respectivement à 70,59 et 30,11 milliards d'euros.

■ La situation financière des collectivités locales connaît une certaine amélioration depuis 2016, qui s'est effectivement poursuivie en 2019. Le pilotage financier qu'exercent ces dernières est serré : en atteste le maintien en deçà du plafond de progression des dépenses réelles de fonctionnement fixé à 2,4 % par la loi de programmation des finances publiques (les collectivités se sont maintenues à 1,9 %).

■ Toutefois, il existe de très fortes disparités entre les collectivités : si la situation des communes et de leurs groupements et celle des départements est globalement favorable, le panorama reste très contrasté. Certaines fragilités demeurent et risquent de s'accroître en 2021 dans le contexte de crise sanitaire : les départements (risque d'augmentation des dépenses sociales), les régions (dont les recettes sont étroitement liées au dynamisme économique) mais aussi les communes les plus exposées (communes touristiques ou communes d'outre-mer notamment) vont en subir l'impact négatif sur l'état de leurs finances.

■ Les investissements des communes ont repris et la croissance de ces derniers (supérieure à celle de l'épargne) s'est accompagnée d'une hausse du besoin de financement qui a atteint en 2019 son niveau de 2017 (alors qu'une diminution de 2,6 Md€ était programmée par la loi de finances) (source : « Les collectivités locales en chiffres – 2020 », Direction générale de collectivités locales (DGCL)).

2 Le classement des dépenses

A| Les dépenses de fonctionnement

1. Les dépenses courantes

Ce sont celles qui reviennent régulièrement chaque année. Certaines sont obligatoires. Il s'agit principalement des postes suivants : charges de personnel, achats de fournitures (comme la papeterie, le mobilier, les consommables…) ; autres charges de gestion (électricité, téléphone, fluides…) ; prestations de services (maintenance du patrimoine bâti ou non), crèches, gymnases, établissements scolaires, médiathèque, bibliothèque, voirie, espaces verts, propreté du domaine public, charges de publicité et de publication, les missions et les réceptions, le transport de biens et de personnes…, les participations aux charges d'organismes extérieurs (syndicats intercommunaux), les charges financières (intérêts des emprunts, frais financiers), les dotations aux amortissements et aux provisions, les indemnités versées aux élus.

2. Les dépenses exceptionnelles

Les intérêts moratoires, des amendes fiscales, des subventions aux services publics à caractère industriel ou commercial (SPIC) rentrent dans cette catégorie.

B| Les dépenses d'investissement

1. Les dépenses d'équipement, immobilières ou patrimoniales

Elles représentent essentiellement des opérations qui modifient la consistance ou la valeur du patrimoine de la collectivité territoriale : achats de matériels durables, construction ou aménagement de bâtiments, travaux d'infrastructure, et acquisition de titres de participation ou autres titres immobilisés.

2. Les acquisitions de biens meubles

Elles remplissent des conditions de durabilité et de consistance et sont donc considérées comme des immobilisations. Une liste de ces biens a été publiée par la circulaire n° NOR/INT/B/02/00059/C du 26 février 2002. Les biens ne figurant pas dans cette liste, mais possédant un caractère de durabilité et de consistance suffisant, peuvent être imputés en section d'investissement par une délibération spécifique de l'assemblée délibérante lorsqu'il s'agit de biens dont la valeur unitaire est inférieure à 500 € (art. L. 2122-21, L. 3221-2 et L. 4232-1 du CGCT).

3. Le remboursement en capital des emprunts

Le remboursement de la part intérêts des annuités de la dette est inscrit en section de fonctionnement.

4. Les dépenses diverses

Elles ont pour effet de réduire les fonds propres (reprises ou reversements, moins-value, etc.).

3 Le régime juridique des dépenses

Selon l'article L. 1612-15 du CGCT « ne sont obligatoires pour les CT que les dépenses nécessaires à l'acquittement des dettes exigibles et les dépenses pour lesquelles la loi l'a expressément décidé. »

A| Les dépenses obligatoires

L'article L. 2321-2 du CGCT donne, pour les communes par exemple, une liste non exhaustive des dépenses obligatoires :
– **les dépenses de personnel** en constituent la catégorie la plus importante. Il s'agit non seulement des rémunérations des agents territoriaux mais aussi des charges sociales afférentes, les indemnités de fonction des élus locaux et les cotisations pour financer les organismes de formation (la cotisation du 0,9 % de la masse salariale à verser au CNFPT ou encore, de 0,8 % en cas d'affiliation directe aux CDG) ;
– **les dépenses d'entretien et de maintenance des équipements**. Il s'agit des établissements scolaires, voiries communales ou départementales voire nationales, cimetières, stations d'épuration… ;
– **les dépenses de certains services publics d'intérêt général** ou liés à des compétences réglementaires. Ce sont les dépenses relatives aux services d'enlèvement des ordures ménagères, de désinfection et d'hygiène, d'aide sociale et de santé publique, de transports publics ou de l'enseignement.

1. La participation d'une collectivité locale aux dépenses d'une autre collectivité locale

Elles incluent à titre d'exemples, la participation des communes au financement des dépenses de fonctionnement et d'investissement d'un collège quand un ou plusieurs enfants fréquentent un collège du département situé dans une commune différente du lieu d'habitation de l'élève ; les dépenses relatives à la contribution d'une collectivité locale au financement d'un organisme de coopération intercommunale lorsqu'elle en est membre.

2. La dotation aux amortissements et aux provisions

Il s'agit des dépenses obligatoires de la section de fonctionnement pour les communes ou groupement de communes dont la population est supérieure à 3 500 habitants.

3. Les dettes exigibles

Si la loi ne la prévoit pas, pour être obligatoire une dépense doit être certaine, liquide, exigible et incontestable comme le remboursement des emprunts contractés par une collectivité, les garanties d'emprunt accordées par une collectivité locale à des entreprises privées pour faciliter leur installation sur le territoire communal ou à certains établissements publics administratifs (offices publics chargés du logement ou de l'habitat).

B| Les dépenses facultatives

La clause de compétence générale permet aux communes d'élargir leurs champs d'intervention, au-delà de leurs compétences législatives ou réglementaires. À la clé, les choix opérés donneront lieu aux dépenses facultatives comme : les subventions aux associations déclarées ; l'acquisition ou la construction d'immeubles qui ne sont pas affectés à des services obligatoires ; les interventions dans le domaine économique et social ; la gestion de certains services publics comme les cantines scolaires, les garderies, les crèches, les piscines ou les bibliothèques...

C| Les dépenses exclues ou interdites

1. Les dépenses interdites par la loi

Les subventions aux cultes sont interdites parce que contraires à la loi du 9 décembre 1905 sur la séparation des Églises et de l'État. De même, sont interdites les subventions aux écoles privées non liées par un contrat (loi du 30 octobre 1886 sur l'enseignement primaire).

2. Les dépenses étrangères à l'intérêt public local

Elles fausseraient la concurrence ou encore concerneraient des services publics de la stricte compétence de l'État.

La fonction publique territoriale : principes généraux, repères et chiffres-clés

Fiche 19

La fonction publique territoriale (FPT) constitue, avec la fonction publique de l'État (FPE) et la fonction publique hospitalière (FPH), l'un des 3 versants de la fonction publique française. Les textes fondateurs de la fonction publique s'appliquent à la FPT qui est restée cependant très hétérogène jusqu'aux années 1980. L'ambitieuse refonte de la fonction publique par Anicet Le Pors a été l'aboutissement de l'histoire d'une administration forte et structurée dès l'Ancien Régime.

1 Les principes formalisés dès l'après-guerre

A| L'ordonnance n° 45-2283 du 9 octobre 1945

■ Elle constitue la première étape de la réforme de la fonction publique d'après-guerre. En fait, les premières dispositions statutaires résultaient de la loi du 14 septembre 1941 du régime de Vichy, abrogée par l'ordonnance du 9 août 1944 portant rétablissement de la légalité républicaine.

■ La volonté du législateur dans la loi du 19 octobre 1946 relative au statut général des fonctionnaires était d'unifier les statuts des fonctionnaires qui, auparavant, n'étaient édictés que ponctuellement par décrets.

Trois objectifs généraux sous-tendaient cette réforme :

- refondre la formation des fonctionnaires pour rendre la fonction publique plus performante, c'est dans cette perspective qu'est créée l'École nationale d'administration (ENA) ;
- rénover les modalités de recrutement des fonctionnaires ;
- améliorer les conditions de travail dans la fonction publique.

C'est ainsi que le principe de la généralisation du recrutement par concours est posé, la distinction entre grade et emploi est établie, et la mobilité des fonctionnaires encouragée.

■ Dès le 7 juillet 1950, l'arrêt Dehaene du Conseil d'État pose le cadre de la réglementation du droit de grève dans les services publics par le chef de service.

B| Les textes postérieurs

■ Le 4 février 1959, l'ordonnance n° 59-244 relative au statut général des fonctionnaires a principalement pour objet de tirer les conséquences de la Constitution de la Ve République.

■ Le 25 juillet 1979, le Conseil constitutionnel par sa décision n° 79-105 élève la continuité du service public et le droit de grève au rang « de principe de valeur constitutionnelle ».

■ Le 11 juin 1983, la loi n° 83-481 définit les conditions dans lesquelles doivent être pourvus les emplois civils permanents de l'État et de ses établissements publics et autorise l'intégration d'agents non titulaires occupant de tels emplois.

2 L'édifice statutaire et ses évolutions

■ La construction statutaire résulte d'une démarche ambitieuse de refonte de l'ensemble de la fonction publique française. L'objectif clairement affiché était alors un **renforcement de l'homogénéité de la fonction publique dans le respect de sa diversité**. De cette ambition découle la structuration des textes : le premier texte de loi concerne l'ensemble des fonctionnaires (titre I, loi du 13 juillet 1983) alors que les trois lois suivantes (titres II à IV) précisent les conditions d'exercice et de gestion au sein de chacune des fonctions publiques.

■ Cet édifice repose sur trois grands principes qui forment le socle de la spécificité du fonctionnaire : le **principe d'égalité** (notamment illustré par les voies d'accès) ; le **principe d'indépendance** par rapport au pouvoir politique ; le **principe de responsabilité**.

■ Les **droits et les obligations des fonctionnaires**, ainsi posés, gardent toute leur vitalité : seuls certains aménagements, fruits naturels des évolutions politiques, économiques et sociales, ont été apportés sans qu'aucune refonte de la structure globale du statut ne soit effectuée. Le statut a ainsi réorganisé en profondeur la fonction publique française.

■ La loi du 26 janvier 1984 avait pour vocation d'accompagner les lois de décentralisation et de doter les collectivités territoriales de fonctionnaires recrutés et formés de façon à être de solides interlocuteurs de fonctionnaires de l'État.

L'édifice statuaire

Date	Description de la loi
13 juillet 1983	La loi 83-634, portant droits et obligations des fonctionnaires pour les 3 fonctions publiques (FPE, FPT et FPH), constitue le Titre I du statut général.
11 janvier 1984	La loi n° 84-16 portant dispositions statutaires relatives à la fonction publique de l'État constitue le Titre II.
26 janvier 1984	La loi portant dispositions statutaires relatives à la fonction publique territoriale symbolise le Titre III.
9 janvier 1986	La loi n° 86-33 applicable à la fonction publique hospitalière représente le Titre IV.

Les évolutions du droit de la fonction publique

Date	Description de la loi
13 juillet 1987	La loi n° 87-529 élargit les possibilités de recours à des agents contractuels dans les collectivités territoriales dans les mêmes cas et selon les mêmes conditions de durée que ceux applicables aux agents de l'État, et substitue la notion de cadre d'emplois à celle de corps dans la fonction publique territoriale.
9 février 1990	Un protocole d'accord signé avec les partenaires sociaux dit « protocole Durafour » prévoit une rénovation de la grille de classification et de rémunération pour les agents des 3 fonctions publiques.
26 juillet 1991	La loi 91-715 ouvre l'accès aux ressortissants de la Communauté européenne, à condition qu'il s'agisse d'emplois séparables de l'exercice de la souveraineté ou ne comportant pas de participation directe ou indirecte à l'exercice de prérogatives de puissance publique.
16 décembre 1996	La loi n° 96-1093, dite loi Perben, permet une seconde vague d'intégration d'agents non titulaires ou contractuels dans les 3 fonctions publiques. Elle met aussi en place de nouvelles règles destinées à empêcher la reconstitution d'emplois précaires.
3 janvier 2001	La loi n° 2001-2, dite loi Sapin, relative à la résorption de l'emploi précaire et à la modernisation du recrutement dans la fonction publique fait suite à un accord conclu en 2000 entre le gouvernement et plusieurs organisations syndicales. Outre les mesures destinées à résorber l'emploi précaire, la loi Sapin élargit les conditions de recrutement en tenant compte de l'expérience professionnelle par le biais du troisième concours.
6 janvier 2003	La loi n° 2003.20 ouvre de nombreux corps et emplois de fonctionnaires d'État aux ressortissants des états membres de la Communauté européenne ou d'un autre État adhérent à l'accord sur l'Espace économique européen notamment pour prendre en compte la jurisprudence de la Cour de Justice des Communautés européennes.
26 juillet 2005	La loi n° 2005-843 transpose diverses dispositions du droit communautaire à la fonction publique notamment relative au principe d'égalité de traitement entre hommes et femmes, ouvre l'ensemble des corps de la fonction publique aux ressortissants communautaires sauf exceptions, et transpose la directive de 1999 concernant le travail à durée déterminée.

Date	Description de la loi
21 avril 2016	La loi n° 2016-483 du 20 avril 2016, relative à la déontologie et aux droits et obligations des fonctionnaires, complète et renforce les dispositions précédentes.
8 août 2016	La loi n° 2016-1088 relative au travail, à la modernisation du dialogue social et à la sécurisation des parcours professionnels a introduit la condamnation des agissements sexistes dans le statut général de la fonction publique.
6 août 2019	La loi n° 2019-828 de transformation de la fonction publique revoit le cadre de la gestion des ressources humaines et renforce les contraintes en matière de déontologie et d'égalité.

3 Les effectifs

■ **5,56 millions de personnes** travaillaient dans la fonction publique au 31 décembre 2018. Les effectifs ont augmenté de 0,7 % de 2017 à 2018.

■ La répartition par versant s'établit comme suit, on dénombre
- 2,47 millions d'agents dans la FPE ;
- 1,915 million d'agents dans la FPT ;
- 1,178 million d'agents dans la FPH.

■ Sont ainsi employés 3,83 millions de fonctionnaires, 1,07 million de contractuels, 308 000 militaires et 356 agents relevant d'autres catégories et statuts.

■ En 2018, l'emploi public représente presque **un cinquième de l'emploi total** (19,8 % de l'emploi salarié et non salarié).

■ **1,915 million d'agents travaillent dans la fonction publique territoriale (FPT)**, soit 34,7 % de l'emploi public : presque les trois quarts dans les régions, départements et communes (72 %) et plus d'un quart dans les établissements publics administratifs locaux.

■ Les agents, au sein de la **fonction publique territoriale**, présentent les caractéristiques suivantes :
- **appartenance aux catégories hiérarchiques** :
  - **10 % des agents appartiennent à la catégorie A** (dont 0,6 % à la catégorie A+) contre 36 % dans l'ensemble de la fonction publique (dont 2,0 % pour la catégorie A+), 56 % (dont 3,7 % pour la catégorie A+) dans la FPE et 35 % dans la FPH (dont 0,5 % pour la catégorie A+),
  - **15 % des agents appartiennent à la catégorie B** contre 19 % dans l'ensemble de la fonction publique, 24 % exercent dans la FPE et 17 % dans la FPH,
  - **76 % appartiennent à la catégorie C** contre 45 % dans l'ensemble de la fonction publique, 20 % dans la FPE et 48 % dans la FPH ;

- **l'âge moyen** est de **45,5 ans** au sein de la FPT. La FPT a ainsi la moyenne d'âge la plus élevée : elle est de 42,7 ans au sein de la FPE et de 41,9 ans au sein de la FPH ;
- **la répartition hommes/femmes** est la suivante :
  - on dénombre 61 % de femmes au sein de la FPT, contre 56 % dans la FPE et 78 % dans la FPH,
  - l'ensemble de la fonction publique présente 62 % de femmes contre seulement 46 % dans le secteur privé.

Source : Rapport sur l'état de la fonction publique, chiffres-clés 2020, DGAFP

Fiche 20

Les principales évolutions au sein de la fonction publique

Au regard des évolutions de la fonction publique depuis 1983, un retour sur certaines étapes déterminantes est nécessaire.

1 Le droit à « la formation tout au long de la vie »

- La loi du 19 février 2007 relative à la FPT instaure le **droit individuel à la formation (DIF)** de 20 heures par an, cumulables sur 6 ans, ainsi qu'un livret individuel de formation (LIF).
- Le DIF recouvre les formations de perfectionnement, les préparations aux concours et examens, les formations aux compétences de base. La formation initiale est refondue au profit de deux formations obligatoires plus courtes, d'une part d'intégration et de professionnalisation, d'autre part pour toutes les catégories A, B et C.
- L'ordonnance 2017-53 du 19 janvier 2017 a substitué au DIF le **compte personnel de formation (CPF)** qui s'inscrit dans un compte personnel d'activité permettant de réunir tous les droits capitalisés par l'agent (formation mais aussi chômage et pénibilité).
- Depuis, le 1er janvier 2020, la loi du 6 août 2019 permet la portabilité des droits à la formation au sein du « compte personnel de formation » lors d'un passage entre les secteurs privé et public (décret du 17 décembre 2019).
- Il existe d'autres dispositifs dans le champ de la formation professionnelle : la **validation des acquis de l'expérience (VAE)** et le **bilan de compétences**.

2 La résorption de l'emploi précaire

- La loi n° 2012-347 du 12 mars 2012 est relative à l'accès à l'emploi titulaire et à l'amélioration des conditions d'emploi des agents contractuels dans la fonction publique, à la lutte contre les discriminations et portant diverses dispositions relatives à la fonction publique.

La loi Sauvadet a concrétisé le protocole d'accord portant sécurisation des parcours professionnels des agents contractuels dans les trois versants de la fonction publique, signé le 31 mars 2011 entre le gouvernement et six organisations syndicales.

- Le 21 avril 2016, ces dispositions ont été complétées et renforcées par la loi n° 2016-483 du 20 avril 2016, parue au JO, relative à la déontologie et aux droits et obligations des fonctionnaires.

L'accès aux cadres d'emplois de fonctionnaires territoriaux peut être ouvert par la voie de modes de recrutement réservés valorisant les acquis

professionnels pendant une durée de 6 ans (au lieu de 4 ans auparavant) à compter de la date de publication de la loi Sauvadet.
Cet accès est réservé aux agents occupant, à la date du 31 mars 2013 (au lieu de 2011), en qualité d'agent contractuel de droit public et, dans le cas d'agents employés à temps non complet, pour une quotité de temps de travail au moins égale à 50 % :
– un emploi permanent (art. 3-1, 3-2, 3-3 de la loi n° 84-53 du 26 janvier 1984) ;
– ou un emploi régi par le I de l'article 35 de la loi n° 2000-321 du 12 avril 2000 (agent de catégorie C concourant à l'entretien ou au gardiennage de services administratifs ou de restauration).
Les agents intéressés doivent, au 31 mars 2013 (au lieu de 2011), être en fonction ou bénéficier d'un des congés prévus par le décret n° 88-145 (congé de maladie, de maternité, parental...) (art. 13, 14 de la loi n° 2012-347 du 12 mars 2012 ; art. 41 loi n° 2016-483 du 20 avril 2016).
Les agents remplissant les conditions d'éligibilité prévues par la loi Sauvadet, dans sa rédaction antérieure, demeurent éligibles à l'accès à la fonction publique jusqu'au 12 mars 2018 selon les dispositions de l'article 41 III de la loi Déontologie.

3 Le protocole d'accord relatif à la modernisation des parcours professionnels, des carrières et des rémunérations (PPCR)

■ Le PPCR constitue une volonté du Gouvernement de moderniser le statut général des fonctionnaires :
– en renforçant l'unité de la fonction publique (harmonisation des durées d'avancement par exemple) et l'harmonisation des grilles indiciaires ;
– en améliorant la politique de rémunération de la fonction publique.
Cette réforme concerne les 3 fonctions publiques et les 3 catégories (A, B et C) avec des mesures applicables de 2016 à 2020.

■ Elle comporte aussi des dispositions indiciaires, indemnitaires et statutaires. La réforme des régimes indemnitaire se traduit par le transfert d'une partie du régime indemnitaire sur le traitement indiciaire.
Cette mesure, consistant en un abattement sur tout ou partie des primes perçues, est compensée par la revalorisation du traitement indiciaire.
Sont exclus du calcul :
– les compléments de rémunérations (IR/SFT) ;
– les indemnités ayant le caractère de remboursement de frais (frais de transport par exemple) ;
– les indemnités soumises à retenues pour pension de retraite (NBI) ;
– les indemnités liées aux dépassements horaires (IHTS) ou aux astreintes.
L'abattement est mis en œuvre à compter de la date d'entrée en vigueur des premières revalorisations indiciaires :

– pour la catégorie B et la catégorie A médico-sociale : mise en œuvre rétroactive au 01/01/2016 ;
– pour la catégorie C et les autres cadres d'emplois de catégorie A : mise en œuvre au 01/01/2017.

■ La revalorisation des grilles indiciaires se traduit par une modification des indices bruts, donc des indices majorés (au 1er janvier) sur plusieurs années (dates d'effet différentes selon les cadres d'emplois – rétroactivité au 01/01/2016 pour la catégorie B et les cadres d'emplois médico-sociaux de la catégorie A).

Désormais, l'avancement d'échelon est accordé de plein droit en fonction de l'ancienneté sur une durée unique. Toutefois, il peut être fonction de la valeur professionnelle, lorsque le statut particulier le prévoit et selon des modalités de contingentement définies par décret en Conseil d'État :
– pour la catégorie B et la catégorie A médico-sociale : mise en œuvre le 01/07/2016 ;
– pour la catégorie C et les autres cadres d'emplois de catégorie A : au 01/01/2017.

Remarque : il y a aussi la création d'une cadence unique d'avancement d'échelon et la suppression de l'avancement d'échelon à l'ancienneté minimale (ou au choix) ou à l'ancienneté maximale. Ceci par référence aux décrets parus au JO du 14/05/2016.

4 La transformation de la fonction publique

■ La loi du 6 août 2019 a pour objectif de **retisser le « contrat social » avec les agents** ; il s'agit d'une évolution ambitieuse qui toutefois s'inscrit dans le respect de l'architecture statutaire. En atteste formellement la reprise des subdivisions de l'édifice statutaire : des dispositions communes aux trois versants de la fonction publique d'une part ; trois parties déclinant les spécificités pour chaque champ de la fonction publique d'autre part. Ce texte est le fruit d'une longue concertation avec les agents et leurs représentants. Un an après son adoption, les dispositions les plus emblématiques du dispositif sont entrées en vigueur.

■ Le texte formalise la création de **nouveaux outils managériaux** visant à **améliorer la qualité du service public**, notamment du service public de proximité. Il s'articule autour de plusieurs thèmes :
– **de nouveaux droits pour les agents** (accompagnement de l'amélioration des compétences, renouvellement de l'accès à la fonction publique, solidarité vis-à-vis des précaires et des proches aidants) ;
– l'égalité professionnelle et la lutte contre les discriminations hommes/femmes (dispositif obligatoire de signalement de violences, de discriminations…) ;
– la transparence et l'exemplarité (rémunération, déontologie) ;
– la flexibilité de la gestion des ressources humaines (organisation du télétravail et de la grève, extension du régime indemnitaire unique dans la fonction publique territoriale, évolution des outils du dialogue social).

Les institutions de la fonction publique territoriale

La gestion de la FPT repose sur une multiplicité d'acteurs dont les interventions s'articulent avec les employeurs territoriaux.

1 Le Conseil commun de la fonction publique

■ Prévu dans les accords de Bercy signés le 2 juin 2008, l'article 5 de la loi n° 2010-751 du 5 juillet 2010 relative à la rénovation du dialogue social et comportant diverses dispositions relatives à la fonction publique est créé et régi par le décret n° 2012-148 du 30 janvier 2012.

■ Cette instance intervient pour toute question d'ordre général commune à au moins deux des trois fonctions publiques. Elle est saisie pour avis des projets de loi ou d'ordonnance et, lorsqu'une disposition législative ou réglementaire le prévoit, de décrets communs aux trois fonctions publiques.

■ Le conseil est composé de 2 collèges (décret du 19 octobre 2016) :
- représentants des organisations syndicales de fonctionnaires, (32 membres) ;
- représentants des employeurs publics (18 membres, 6 par fonction publique).

■ Seuls les membres des collèges peuvent voter.
Les membres de droit (le directeur général de l'administration et de la fonction publique, le directeur général des collectivités locales, le directeur général de l'Offre de soins, le directeur du Budget, un membre du Conseil d'État, un membre de la Cour des comptes, le président du Conseil supérieur de la fonction publique hospitalière) siègent sans prendre part au vote.

■ Le CCFP se réunit soit en assemblée plénière présidée par le ministre chargé de la fonction publique, soit en formation spécialisée (par exemple, « formation égalité, mobilité et parcours professionnel » ou « formation examen des projets de textes »).

2 Le Conseil supérieur de la fonction publique territoriale (CSFPT)

■ Institué par la loi du 26 janvier 1984 portant dispositions statutaires relatives à la FPT, le CSFPT est l'instance paritaire nationale de la FPT qui garantit le dialogue social et la concertation sur le statut des fonctionnaires territoriaux et plus largement sur toute question relative à la fonction publique territoriale.

■ Présidé par un élu local, le CSFPT est composé de 40 membres, 20 élus représentant les différents types de collectivités territoriales et 20 représentants des organisations syndicales de fonctionnaires territoriaux.
■ Le Conseil supérieur possède un pouvoir de propositions et d'études : il peut formuler des propositions en matière statutaire et procéder à toutes études sur l'organisation et le perfectionnement de la gestion des personnels territoriaux. Il a également une responsabilité d'ensemble en matière de tenue de statistiques et de documentation sur la fonction publique territoriale.
■ Le CSFPT a par ailleurs un rôle consultatif. Il examine toute question relative à la fonction publique territoriale et est saisi pour avis des projets de lois relatifs à la fonction publique territoriale ainsi que des décrets concernant la situation des fonctionnaires territoriaux et les statuts particuliers des cadres d'emplois.
■ Le CSFPT se réunit au moins 4 fois par an en assemblée plénière ; il comprend un bureau et des formations spécialisées chargées d'examiner les textes préalablement à la séance plénière.

3 Le Centre national de la fonction publique territoriale (CNFPT)

C'est un établissement qui a pour mission la formation des personnels des collectivités territoriales. Il organise également les concours de catégories A+.

A| L'organisation du CNFPT

■ Le CNFPT est un établissement public à caractère administratif doté de la personnalité morale et de l'autonomie financière.
■ Il est dirigé par un conseil d'administration paritairement composé de représentants des collectivités territoriales et de représentants des organisations syndicales de fonctionnaires territoriaux.
■ Les représentants des collectivités territoriales sont respectivement élus par des collèges de représentants des maires, des présidents de conseils généraux et des présidents de conseils régionaux parmi les élus locaux siégeant aux conseils d'orientation. Les sièges attribués aux organisations syndicales sont répartis entre elles proportionnellement au nombre de voix obtenues aux élections organisées pour la désignation des représentants du personnel aux comités techniques.
■ Le conseil d'administration élit, en son sein, son président parmi les représentants des collectivités territoriales. Le président est assisté de deux vice-présidents élus l'un parmi les représentants des collectivités territoriales, l'autre parmi les représentants des organisations syndicales de fonctionnaires territoriaux.
■ Le CNFPT est organisé en 29 délégations régionales, réunies autour de 12 interdélégations. La loi du 6 août 2019 prévoit d'adapter l'organisation du CNFPT à la carte administrative des régions.

B| Le rôle du CNFPT

Il est chargé :
- de missions de formation ;
- de la mise en œuvre des procédures de reconnaissance de l'expérience professionnelle ;
- du suivi des demandes de validation des acquis de l'expérience (VAE) ;
- de la gestion de l'Observatoire de l'emploi, des métiers et des compétences de la fonction publique territoriale, ainsi que du Répertoire national des emplois de direction ;
- de la publicité des créations et des vacances des emplois de catégorie A+, transmises par les centres de gestion ;
- de la gestion de la Bourse nationale des emplois ;
- de la prise en charge des fonctionnaires de catégorie A+ momentanément privés d'emploi ;
- du reclassement des fonctionnaires de catégorie A+ devenus inaptes à l'exercice de leurs fonctions.

C| Les établissements du CNFPT

■ L'Institut national des études territoriales (INET) a pour ambition d'être l'équivalent de l'École nationale d'administration (ENA) pour la fonction publique territoriale. Situé à Strasbourg, il s'agit d'une école de formation des catégories A+ (administrateurs, conservateurs du patrimoine, conservateurs des bibliothèques, ingénieurs en chef) et d'un établissement de formation continue à destination des cadres dirigeants des collectivités.

■ Les INSET (Instituts nationaux spécialisés d'études territoriales) du CNFPT sont des écoles de formation situées à Angers, Dunkerque, Montpellier et Nancy.

Les instituts accueillent les formations initiales des cadres de la FPT et des sessions de formation concernant les grands domaines de compétences des collectivités territoriales.

D| Le financement du CNFPT

Le CNFPT est financé par une cotisation obligatoire des collectivités territoriales représentant un pourcentage de la masse salariale. Fixée autrefois à 1 %, cette cotisation a été ramenée à 0,9 % depuis 2016.

4 Les centres de gestion (CDG)

■ Ce sont des établissements publics locaux, créés dans chaque département, sauf en Île-de-France où il existe deux centres interdépartementaux de gestion : le CIG Petite Couronne (Hauts-de-Seine, Seine-Saint-Denis, Val-de-Marne) et le CIG Grande Couronne (Essonne, Val-d'Oise, Yvelines) – la Seine-et-Marne conservant un centre de gestion de droit commun.

Fiche 21

■ Ils sont dirigés par un conseil d'administration composé de 15 à 30 représentants élus des collectivités territoriales et des établissements publics affiliés.

A| Le fonctionnement des CDG

1. L'affiliation aux centres de gestion

L'affiliation est obligatoire pour les communes et leurs établissements publics dont l'effectif est inférieur à 350 personnes. Elle est volontaire pour les autres collectivités territoriales et établissements publics locaux.

2. Les missions des centres de gestion

Les centres de gestion assument des missions relatives au recrutement et à la gestion de certaines catégories d'agents territoriaux. Certaines sont assumées à titre obligatoire, d'autres à titre facultatif. Elles sont exercées, soit au profit des communes et établissements affiliés, soit pour l'ensemble des collectivités et établissements, affiliés ou non.
Les missions principales des centres de gestion concernent deux catégories de collectivités et établissements publics.

a. Pour les collectivités affiliées

– L'organisation des concours et examens professionnels des catégories A, B et C et l'établissement des listes d'aptitude.
– La publicité des tableaux d'avancement.
– Le fonctionnement des CAP et des conseils de discipline.
– Le secrétariat des commissions de réforme.
– Le secrétariat des comités médicaux.
– Le fonctionnement des comités techniques.
– Le calcul du crédit du temps syndical et le remboursement des charges salariales afférentes à l'utilisation de ce crédit.
– Une assistance juridique statutaire.
– Une assistance au recrutement et un accompagnement individuel de la mobilité des agents hors de leur collectivité ou établissement d'origine.
– Une assistance à la fiabilisation des comptes de droits en matière de retraite.

b. Pour l'ensemble des collectivités territoriales et établissements publics

– La publicité des créations, vacances d'emplois de catégorie A, B et C.
– La publicité des listes d'aptitude.
– La prise en charge des fonctionnaires des catégories A, B et C momentanément privés d'emplois.
– Le reclassement des fonctionnaires des catégories A, B et C devenus inaptes à l'exercice de leurs fonctions.
– Le fonctionnement des conseils de discipline de recours.
– L'aide aux fonctionnaires à la recherche d'un emploi après une période de disponibilité.

B| Au niveau régional

La loi Déontologie impose que certaines missions soient gérées en commun à un niveau au moins régional :
– l'organisation des concours et examens professionnels relatifs aux cadres d'emplois de catégorie A et B ;
– la publicité des créations et vacances d'emploi de catégorie A et B ;
– la prise en charge, dans les conditions fixées aux articles 97 et 97 bis, des fonctionnaires de catégorie A et B momentanément privés d'emploi ;
– le reclassement, selon les modalités prévues aux articles 81 à 86, des fonctionnaires de catégorie A et B devenus inaptes à l'exercice de leurs fonctions ;
– le fonctionnement des conseils de discipline de recours prévus à l'article 90 bis ;
– la gestion de l'observatoire régional de l'emploi.

C| Le financement des CDG

■ Pour l'exercice des missions obligatoires, une cotisation obligatoire est versée par les collectivités et établissements affiliés, assise sur la masse salariale, dont le taux est fixé par le conseil d'administration dans la limite d'un maximum de 0,80 %.

■ Les missions supplémentaires à caractère facultatif donnent lieu soit à une cotisation additionnelle, soit à un financement par convention.

■ Les centres de gestion peuvent, par convention, organiser des concours et examens propres aux collectivités et établissements non affiliés (ou leur ouvrir leurs concours).

■ Les collectivités et établissements non affiliés remboursent alors aux centres la part des dépenses correspondantes effectuées à leur profit.

■ En l'absence de convention, les collectivités et établissements qui nomment un candidat inscrit sur une liste d'aptitude établie par un centre de gestion auquel ils ne sont pas affiliés lui remboursent une quote-part des frais d'organisation.

D| Un renforcement récent de la cohérence d'action

■ La loi du 6 août 2019 prévoit une meilleure coordination entre les centres de gestion régionaux et le CNFPT : une convention doit être formalisée entre ces derniers afin d'assurer une meilleure coordination de leurs missions respectives.

■ La loi renforce également les missions des centres de gestion par l'obligation de mise en œuvre d'un schéma régional de coordination, de mutualisation et de spécialisation.

Fiche 22

Les acteurs du dialogue social

Le dialogue social s'inscrit essentiellement au sein des instances paritaires qui ont été refondues par la loi du 6 août 2019 : il s'agit des historiques commissions administratives paritaires (CAP), lesquelles établissent à présent les « lignes directrices de gestion » (LDG) ; des comités sociaux territoriaux (instances résultant de la fusion entre les comités techniques (CT) et les comités d'hygiène et de sécurité (CHSCT)) ; des commissions consultatives paritaires (CCP).

1 Les commissions administratives paritaires (CAP)

■ Auparavant, les CAP devaient obligatoirement être consultées pour toute décision individuelle concernant la carrière des agents titulaires et des stagiaires. La loi du 6 août 2019 a recentré son action sur les décisions individuelles défavorables (sanctions disciplinaires, refus de formation, refus de titularisation, etc.) ; elles ne donnent plus aucun avis préalable sur les décisions individuelles de mutation ou de mobilité depuis le 1er janvier 2020 ; elles ne se prononceront plus sur les décisions d'avancement et de promotion interne à partir du 1er janvier 2021.

■ Deux réunions par an doivent être prévues *a minima*, regroupant au moins la moitié des membres lors de leur ouverture. Les avis supposent, pour être émis, d'avoir recueilli la moitié des voix.

■ À partir de 2022, l'organisation des CAP sera simplifiée : une commission unique sera instaurée pour chacune des trois catégories hiérarchiques (A, B et C) auprès du centre de gestion auquel est rattachée la collectivité de moins de 350 titulaires et stagiaires (équivalent temps plein). Si les effectifs dépassent ce seuil, la collectivité peut assurer elle-même cette fonction. Les CAP sont donc présidées soit par l'autorité territoriale, soit par le centre de gestion.

■ Organismes paritaires, les CAP sont composées des représentants de l'administration et des personnels à nombre égal : les représentants du personnel sont élus par les personnels titulaires au scrutin de liste proportionnelle.

Les lignes directrices de gestion (LDG)

Créées par la loi du 6 août 2019, les lignes directrices de gestion sont établies par l'autorité territoriale.
Elles favorisent une gestion souple des ressources humaines en augmentant les latitudes offertes aux employeurs. Dès 2021, les décisions individuelles seront prises sur les fondements des axes définis par les LDG. Elles concernent :
– le pilotage des ressources humaines (gestion prévisionnelle des effectifs, des emplois et des compétences) ;
– les orientations générales en matière de promotion et de valorisation des parcours professionnels.

2 Les comités sociaux territoriaux (CST)

■ Les comités sociaux territoriaux résultent de la fusion entre les comités techniques (CT) et les comités d'hygiène, de sécurité et des conditions de travail (CHSCT). Les CST sont prévus par la loi du 6 août 2019, symétrique sur ce point à la réforme de 2017 des instances du secteur privé. Il était en effet devenu délicat d'articuler les missions respectives des deux types d'instances préexistantes.
■ Un CST sera ainsi créé dans chaque collectivité ou établissement de plus de 50 agents ; les collectivités et établissements de moins de 50 agents étant rattachés au comité de leur centre de gestion. Ces comités entreront en vigueur à la fin de l'année 2022 (lors du renouvellement des instances actuelles).
■ Les collectivités dont les effectifs dépassent le seuil de 200 agents mettront en place, au sein de leur CST, une formation spécialisée en matière de santé, de sécurité et de conditions de travail (FSSCT).
■ Des mesures transitoires ont été prévues pour la période d'août 2019 à fin 2022 : seuls les CT sont compétents pendant cette période pour les questions de réorganisation de service ; les CT et les CHSCT peuvent être réunis pour l'examen de questions communes et, dans ce cas, l'avis de la formation conjointe est émis (et non celui du CT et/ou du CHSCT).
■ Les compétences prévues sont :
– le fonctionnement des services, leur accessibilité, la qualité ;
– les politiques de gestion des ressources humaines ;
– la valorisation des parcours professionnels ;
– la lutte contre les discriminations ;
– la politique indemnitaire et l'action sociale ;
– la protection de la santé physique et mentale, l'hygiène, la sécurité des agents dans leur travail, l'organisation du travail, le télétravail…

La mise en œuvre des lignes directrices de gestion fera l'objet d'un bilan, sur la base des décisions individuelles, devant le comité social.

Le rapport social unique (RSU)

La loi n° 2019-828 du 6 août 2019 portant transformation de la fonction publique met fin aux divers rapports élaborés par les collectivités (tels que le rapport sur l'état de la collectivité ou bilan social, le rapport de situation comparée entre les hommes et les femmes, le rapport sur les fonctionnaires mis à disposition et le rapport sur l'obligation d'emploi des travailleurs handicapés, le document unique…).

À partir du 1er janvier 2021, un rapport social unique (RSU) leur est substitué. Ce rapport sera élaboré chaque année par les employeurs publics mentionnés à l'article 2 de la loi n° 84-53 du 26 janvier 1984.

Seront synthétisées les données relatives : à la gestion prévisionnelle des effectifs, des emplois et des compétences ; au déroulement des parcours professionnels (recrutements, formation, mobilité, promotion, rémunération) ; à la diversité, à la lutte contre les discriminations, au handicap et à l'égalité professionnelle entre les femmes et les hommes ; à l'amélioration des conditions et de la qualité de vie au travail.

3 Les commissions consultatives paritaires (CCP)

■ La loi Déontologie a permis la mise en place des commissions consultatives paritaires (CCP) dédiées aux contractuels. Elles sont régies par le décret n° 2016-1858 du 23 décembre 2016 relatif aux commissions consultatives paritaires et aux conseils de discipline de recours des agents contractuels de la fonction publique territoriale.

■ Les CCP connaissent des décisions individuelles prises à l'égard des agents contractuels (mutation interne, sanction, licenciement…) et de toute question d'ordre individuel concernant leur situation professionnelle.

■ Elles ont été créées dans chaque collectivité territoriale ou établissement public. Lorsque la collectivité ou l'établissement est affilié à un centre de gestion, elles sont placées auprès de ce dernier. Elles sont présidées par l'autorité territoriale.

■ Les CCP peuvent être saisies concernant les agents contractuels ayant au moins 6 mois d'ancienneté quelle que soit la durée du contrat en cours. Leur champ de compétences est le suivant :

- discipline ;
- révision de l'évaluation professionnelle ;
- refus de certains congés ;
- refus de temps partiel ;
- refus d'autorisation du télétravail ;
- renouvellement de contrat ;
- changement de catégorie ;
- mutation interne, etc.

Les conditions d'accès à la fonction publique territoriale

Le principe d'égale admissibilité aux emplois publics est un principe fondateur de la fonction publique qui structure le recrutement dans les trois versants de la FP : FPE, FPH et FPT. Ce principe de non-discrimination a une valeur constitutionnelle (article 6 de la déclaration des droits de l'homme et du citoyen, repris dans le préambule de la Constitution de 1946, qui appartient au bloc de constitutionnalité). Il est au centre des textes statutaires et n'a eu de cesse d'être réaffirmé lors des évolutions successives.

1 Les conditions d'égal accès et d'admission

A| Les conditions d'accès

Le principe d'égal accès aux emplois publics repose sur trois principes généraux.

1. La non-discrimination en raison du sexe

■ Toute discrimination en raison du sexe est interdite. Les modalités d'accès et notamment les épreuves physiques peuvent toutefois être différenciées lorsque, selon la loi de 1984, « la différence de sexe constitue une condition déterminante pour l'exercice des fonctions ».

■ Dans le cadre de l'application de l'article 56 de la loi n° 2012-347, les employeurs des 3 versants de la fonction publique sont tenus de respecter une proportion de personnes de chaque sexe dans les primo nominations aux emplois de direction. Cette obligation est assortie de pénalités dues par l'employeur en cas de non-respect.

■ La loi du 6 août 2019 renforce l'égalité professionnelle : un des objectifs affichés est la progression du nombre de femmes dans le nombre global d'emplois de direction ; en outre, les collectivités de plus de 20 000 habitants doivent obligatoirement mettre en place un plan d'action en faveur de l'égalité professionnelle (sous peine de sanctions pécuniaires).

2. La non-discrimination en raison des opinions politiques

Il est interdit d'évincer un candidat en raison de ses opinions politiques.

3. La non-discrimination en raison des croyances religieuses

Il est interdit d'écarter un candidat en raison de ses opinions religieuses. Il faut veiller toutefois à ce que l'expression des croyances religieuses du candidat ne contrevienne pas au principe de laïcité de l'action publique et à l'obligation de réserve qui s'impose à tout agent public.

B| Les conditions d'admission

1. La possession de la nationalité française

■ La condition de nationalité doit être remplie au jour d'inscription au concours d'accès à la fonction publique.
Seuls peuvent être fonctionnaires :
- les personnes de nationalité française ;
- les citoyens de l'espace économique européen (EEE) ou suisses.

Une exception demeure pour certains emplois dits de souveraineté ou d'exercice de la puissance publique (magistrature...) qui ne sont ouverts qu'aux agents de nationalité française.

■ Par contre, certains autres corps sont accessibles par concours aux étrangers de toutes nationalités : par exemple, les emplois de professeur de l'enseignement supérieur, de médecin des établissements hospitaliers...

2. La jouissance des droits civiques

Les fonctionnaires et les agents non titulaires français, comme les citoyens d'un autre pays de l'espace économique européen ou suisse, doivent jouir de leurs droits civiques. Ils ne doivent pas avoir fait l'objet d'une condamnation privative des droits électoraux (droit de vote, d'élection et d'éligibilité) en France ou dans leur pays d'origine.

3. Le casier judiciaire

Les fonctionnaires et les agents non titulaires ne doivent pas avoir fait l'objet de condamnations inscrites au bulletin n° 2 de leur casier judiciaire incompatibles avec l'exercice de leurs fonctions.

4. Le service national

Les fonctionnaires et les agents non titulaires français, citoyens d'un autre pays de l'espace économique européen ou suisses doivent être en situation régulière au regard des obligations du service national en France ou dans leur pays d'origine.
Les candidats français doivent justifier de leur recensement militaire et de leur participation à la journée défense et citoyenneté.

5. L'aptitude physique

Cette condition apparaît dans certains statuts particuliers de cadres d'emplois.

2 Le recrutement dans la fonction publique territoriale

Le principe est celui du recrutement par concours. Il y a 3 types de concours : les concours externes, les concours internes et les 3e concours.

A| Les concours externes

■ Ils sont ouverts aux candidats justifiant de certains diplômes ou de l'accomplissement de certaines études. Le diplôme ou le niveau d'études requis varie en fonction de la catégorie hiérarchique du cadre d'emplois visé :
– les concours de catégorie A sont accessibles aux titulaires d'un diplôme de niveau bac + 3 au minimum ;
– les concours de catégorie B sont accessibles au minimum aux titulaires du baccalauréat ;
– les concours de catégorie C sont accessibles aux titulaires d'un diplôme de niveau V ou VI (CAP, BEP, brevet des collèges).

■ Les candidats qui ne détiennent pas les diplômes requis peuvent, sous certaines conditions, se présenter au concours s'ils justifient de qualifications équivalentes à celles sanctionnées par le diplôme requis.
Dans certains cas, l'équivalence est accordée de plein droit, dans d'autres cas elle peut être accordée après examen du dossier du candidat par une commission d'équivalence.

■ Depuis la loi du 6 août 2020, aucun candidat ne peut se présenter simultanément à plusieurs concours visant à accéder à un même cadre d'emploi.

B| Les concours internes

■ Les concours internes sont réservés aux candidats appartenant déjà à la fonction publique ou en fonction dans une organisation internationale intergouvernementale ou exerçant dans une administration, un organisme ou un établissement d'un autre pays membre de l'Union européenne dont les missions sont comparables à celles des administrations françaises.

■ Les candidats doivent justifier d'une durée de services et éventuellement d'un diplôme ou d'une formation requise par les statuts particuliers de chaque cadre d'empois sous condition d'ancienneté de services publics et/ou d'ancienneté dans un grade ou un cadre d'emplois.

C| Les 3e concours

■ Ils sont ouverts aux candidats qui justifient :
– de l'exercice pendant un certain nombre d'années d'une ou plusieurs activités en temps que salarié ou travailleur indépendant ;
– d'un ou plusieurs mandats électifs (de membre de l'assemblée délibérante) d'une collectivité territoriale ;
– d'une expérience de responsable y compris en qualité de bénévole d'une association.

■ Chaque statut particulier fixe la nature et la durée des activités requises pour se présenter aux 3e concours.

D| L'inscription sur une liste d'aptitude

■ La réussite à un concours d'accès à la fonction publique territoriale se traduit par l'inscription sur une liste d'aptitude permettant aux lauréats de rechercher un poste correspondant au grade du concours auprès des collectivités territoriales.

■ Pour permettre aux lauréats de trouver effectivement un emploi la loi n° 2016-483 du 20 avril 2016, parue au JO le 21 avril 2016, relative à la déontologie et aux droits et obligations des fonctionnaires a allongé la durée d'inscription sur liste d'aptitude en la portant à 4 années.

3 Les dérogations au principe du concours

A| Le parcours d'accès aux carrières de la fonction publique (Pacte)

■ Ce dispositif permet à un jeune diplômé ou faiblement diplômé d'accéder sans concours à un emploi de catégorie C. Le Pacte permet d'acquérir une qualification en lien avec l'emploi dans lequel le candidat est recruté ou le diplôme requis pour accéder à cet emploi.

■ Le Pacte est ouvert aux jeunes de 16 à 25 ans sans diplôme ni qualification professionnelle dont le niveau de qualification est inférieur au baccalauréat.

■ Les candidatures sont examinées par une commission de sélection qui arrête la liste des candidats retenus.

■ Le candidat retenu est assuré du bénéfice d'une formation professionnelle dont la durée ne peut être inférieure à 20 % de la durée totale du contrat de travail. Un tuteur est désigné pour accueillir le bénéficiaire du contrat et le suivre dans son parcours professionnel.

B| Le recrutement direct

Les dérogations concernent les emplois ouverts au recrutement direct qui ne nécessitent pas de qualification ou de diplôme particuliers. Certains emplois de catégorie C peuvent être pourvus sans l'obtention de concours, comme ceux :

- d'adjoint administratif de 2e classe ;
- d'adjoint d'animation de 2e classe ;
- d'adjoint technique de 2e classe ;
- d'adjoint du patrimoine de 2e classe ;
- d'agent social de 2e classe ;
- d'adjoint technique des établissements d'enseignement de 2e classe.

C| Des modifications récentes

■ Selon la loi du 6 août 2019, le champ des concours sur titres est élargi.

■ La situation des apprentis a été revue : d'une part, leur recrutement est facilité (le CNFPT pouvant financer les frais de formation à hauteur de 50 % et les conditions de leur rémunération étant alignées sur celles du secteur privé) ; d'autre part, un dispositif de recrutement direct des apprentis en situation de handicap est prévu.

■ Ces dérogations concernent également l'accès des personnes reconnues en situation de handicap. Elles doivent alors posséder le niveau de diplôme requis et satisfaire aux conditions d'aptitudes physiques requises par le cadre d'emplois.

D| Une évolution du recrutement d'agents non titulaires

■ Les collectivités territoriales peuvent recruter des agents non titulaires. Cette dérogation a été instituée par la loi du 26 janvier 1984 dont les dispositions ont été modifiées par la loi du 12 mars 2012. Ces recrutements peuvent intervenir :
– pour occuper des emplois de direction (art. 47 de la loi 84-53 du 26/01/1984) ou pour occuper des emplois de cabinet (art. 110 de la loi 84-53 du 26/01/1984). Ces recrutements ne donnent pas droit à intégration dans la fonction publique territoriale ;
– pour occuper des missions temporaires en cas d'accroissement temporaire d'activité pour une durée de 12 mois maximum ou en cas d'accroissement saisonnier d'activité pour une durée de 6 mois maximum ;
– pour assurer le remplacement temporaire de fonctionnaires ou d'agents contractuels ;
– pour pourvoir temporairement un poste vacant (durée d'un an renouvelable une fois) ;
– pour remplir une mission spécifique non prévue par les statuts particuliers des cadres d'emplois ou lorsque les besoins du service ou la nature des fonctions le justifient pour un emploi de catégorie A, sous réserve qu'aucun fonctionnaire n'ait pu être recruté (durée maximale de 3 ans renouvelable une fois pouvant donner lieu ensuite à une reconduction en contrat à durée indéterminée (CDI)).
■ Récemment (loi du 6 août 2019), ces recrutements ont été facilités. Ils concernent à présent :
– les emplois permanents et non permanents dans toutes les catégories avec la création d'un contrat de projet (de 1 à 6 ans) ;
– les emplois fonctionnels ou de direction (qui n'ouvrent pas le droit à un CDI ou à une titularisation) :
– les emplois à temps partiel (inférieur à 50 %).
Ces recrutements supposent le recours à une procédure de recrutement spécifique qui doit être mise en place.

E| Les mesures spécifiques d'intégration

Selon un rythme régulier, le Parlement est amené à se prononcer sur la régularisation des agents non titulaires de la fonction publique.
■ Ainsi, la loi 2012-347 du 12 mars 2012 relative notamment à l'accès à l'emploi titulaire et à l'amélioration des conditions d'emplois des agents contractuels dans la fonction publique a prévu un dispositif de sécurisation des parcours professionnels des agents contractuels pour les 3 versants

de la FP conformément au protocole d'accord du 31 mars 2011 signé entre le gouvernement et 6 organisations syndicales.

De la sorte ont été institués :

- un accès par CDI pour les agents contractuels bénéficiaires de CDD de longue durée (art. 21 de la loi du 12 mars 2012) ;
- un dispositif de titularisation *via* l'organisation de sélections professionnelles spécifiques (art. 21 de la loi du 12 mars 2012).

■ Le décret n° 2016-1123 du 11 août 2016 prolonge de 2 années, soit jusqu'au 12 mars 2018, le dispositif de recrutements réservés d'accès à l'emploi titulaire et modifie la date d'appréciation des conditions d'éligibilité, désormais fixée au 31 mars 2013. Ce décret actualise également les grades des cadres d'emplois et corps de fonctionnaires territoriaux accessibles par voie de sélection professionnelle et recrutement sans concours. Ce décret élargit par ailleurs les possibilités de mise à disposition des agents contractuels et permet à certains agents contractuels recrutés par contrat à durée déterminée de bénéficier d'une réévaluation de leur rémunération.

Les obligations du fonctionnaire

Les obligations du fonctionnaire fondent, avec ses droits, les bases de sa relation avec son employeur. Ces notions et leur nécessaire adaptation à l'évolution des libertés individuelles ainsi qu'à l'évolution de la société constituent le socle apportant aux fonctionnaires une égalité de traitement et garantissant une action publique conforme aux valeurs républicaines.

1 Les principes

■ Les droits et les obligations des fonctionnaires, objet de la loi du 13 juillet 1983, sont définis par le Titre I du statut général de la fonction publique. Il s'applique aux trois fonctions publiques : État, territoriale et hospitalière (FPE, FPT et FPH).

■ Ces dispositions ont été complétées et renforcées par la loi n° 2016-483 du 20 avril 2016, parue au JO le 21 avril 2016, relative à la déontologie et aux droits et obligations des fonctionnaires.

■ Prévues par le statut, les obligations du fonctionnaire dérogent pour partie au code du travail, (ex. : comme le devoir d'exercice exclusif des fonctions ou le devoir de réserve) et emportent une responsabilité civile et pénale spécifique du fonctionnaire.

2 Les différentes obligations

A| L'obligation de servir

■ Selon la loi 13 juillet 1983, « tout fonctionnaire est responsable de l'exécution des tâches qui lui sont confiées », ce qui implique plusieurs obligations.

■ Le fonctionnaire ne peut les déléguer, sauf cas particulier du régime de délégation de pouvoir qui est strictement réglementé. Le fonctionnaire ne peut être dégagé des responsabilités qui lui incombent par la responsabilité propre de ses subordonnés.

■ Le fonctionnaire doit exercer son activité de façon continue et respecter l'organisation du travail et les horaires et congés définis par son administration.

■ Le temps de travail annuel des fonctionnaires employés à temps plein est de 1 607 heures par an.

B| L'obligation d'obéissance hiérarchique

■ L'article 28 de la loi n° 83-634 du 13 juillet 1983 dispose que « le fonctionnaire doit se conformer aux instructions de son supérieur hiérarchique, sauf dans le cas où l'ordre donné est manifestement illégal et de nature à compromettre gravement un intérêt public. »

■ Cette obligation connaît 2 atténuations :
- le droit de retrait ;
- l'obligation de désobéir à un ordre manifestement illégal et de nature à compromettre un intérêt public.

■ Par ailleurs, selon l'article 40 du Code de procédure pénale, il existe un devoir de signalement assigné à l'agent public : « toute autorité constituée, tout officier public ou fonctionnaire qui, dans l'exercice de ses fonctions, acquiert la connaissance d'un crime ou d'un délit est tenu d'en donner avis sans délai au procureur de la République et de transmettre à ce magistrat tous les renseignements, procès-verbaux et actes qui y sont relatifs. »

C| L'obligation d'exercice exclusif des fonctions

■ La loi 13 juillet 1983 prévoit que « les fonctionnaires consacrent l'intégralité de leur activité professionnelle aux tâches qui leur sont confiées. Ils ne peuvent exercer à titre professionnel une activité privée lucrative de quelque nature que ce soit. Les conditions dans lesquelles il peut être exceptionnellement dérogé à cette interdiction sont fixées par décret en Conseil d'État. »

■ Cette obligation a 2 effets :
- l'interdiction du cumul d'activités publiques ;
- l'interdiction du cumul d'activités publiques et privées.

1. Le principe de non-cumul

■ Les principes inhérents au cumul d'emplois sont désormais prévus par l'article 25 septies de la loi de 1983. Auparavant, ils étaient mentionnés à l'article 25 de cette même loi : « Le fonctionnaire ne peut exercer, à titre professionnel, une activité privée lucrative de quelque nature que ce soit...»

■ Cet article réaffirme le principe selon lequel « le fonctionnaire consacre l'intégralité de son activité professionnelle aux tâches qui lui sont confiées », énumère les interdictions et prévoit une série de dérogations inchangées au vu de la précédente réglementation.

a. Trois anciennes dispositions ont été maintenues par la loi n° 2016-483 du 20 avril 2016

■ De participer aux organes de direction de sociétés ou d'associations à but lucratif.

■ De donner des consultations, de procéder à des expertises ou de plaider en justice dans les litiges intéressant toute personne publique, le cas échéant devant une juridiction étrangère ou internationale, sauf si cette prestation s'exerce au profit d'une personne publique ne relevant pas du secteur concurrentiel.

■ De prendre ou de détenir, directement ou par personnes interposées, dans une entreprise soumise au contrôle de l'administration à laquelle il appartient ou en relation avec cette dernière, des intérêts de nature à compromettre son indépendance.

b. Des interdictions ont été renforcées par la loi n° 2016-483 du 20 avril 2016

■ De créer ou de reprendre une entreprise lorsque celle-ci donne lieu à immatriculation au registre du commerce et des sociétés ou au répertoire des métiers ou à affiliation à régime spécifique (travailleur indépendant – Professions artisanales ou industrielles et commerciales –, auto-entrepreneur), s'il occupe un emploi à temps complet et qu'il exerce ses fonctions à temps plein ;
Aussi, seul un fonctionnaire à temps partiel ou à temps non complet pourrait donc avoir une activité entrepreneuriale sous conditions (art. 7 loi n° 2016-483 du 20 avril 2016).

■ De cumuler un emploi permanent à temps complet avec un ou plusieurs autres emplois permanents à temps complet.

■ Un décret du 27 janvier 2017, pris pour l'application des articles 25 septies et 25 octies de la loi n° 83-634 du 13 juillet 1983, dans leur rédaction issue des articles 7 et 10 de la loi n° 2016-483 du 20 avril 2016 relative à la déontologie et aux droits et obligations des fonctionnaires, précise les conditions dans lesquelles il peut être dérogé à l'interdiction qui est faite aux agents publics d'exercer, à titre professionnel, une activité privée lucrative.

2. Les dérogations

■ Lorsque le dirigeant d'une société ou d'une association à but lucratif, lauréat d'un concours ou recruté en qualité d'agent contractuel de droit public, continue à exercer son activité privée pendant une durée d'un an, renouvelable une fois, à compter de son recrutement.

■ Lorsque le fonctionnaire, ou l'agent dont le contrat est soumis au code du travail en application de la loi n° 2000-321 du 12 avril 2000, occupe un emploi permanent à temps non complet ou incomplet pour lequel la durée du travail est inférieure ou égale à 70 % de la durée légale ou réglementaire du travail.

■ La dérogation fait l'objet d'une déclaration à l'autorité hiérarchique dont l'intéressé relève pour l'exercice de ses fonctions.

a. Reprise ou création d'entreprise

■ Le fonctionnaire qui occupe un emploi à temps complet peut, à sa demande, être autorisé par l'autorité hiérarchique dont il relève à accomplir un service à temps partiel pour créer ou reprendre une entreprise et à exercer, à ce titre, une activité privée lucrative.
L'autorisation d'accomplir un service à temps partiel, qui ne peut être inférieur au mi-temps, est accordée, sous réserve des nécessités de la continuité et du fonctionnement du service et compte tenu des possibilités d'aménagement de l'organisation du travail, pour une durée maximale de deux ans, renouvelable pour une durée d'un an, à compter de la création ou de la reprise de cette entreprise.

■ Une nouvelle autorisation d'accomplir un service à temps partiel pour créer ou reprendre une entreprise ne peut être accordée moins de 3 ans après la fin d'un service à temps partiel pour la création ou la reprise d'une entreprise.
■ La demande d'autorisation susvisée est désormais soumise au préalable à l'examen de la commission de déontologie.

b. Les activités soumises à autorisation

▸ Principe général conditionnant l'octroi de l'autorisation

■ Le fonctionnaire peut être autorisé par l'autorité hiérarchique dont il relève à exercer à titre accessoire une activité, lucrative ou non, auprès d'une personne ou d'un organisme public ou privé dès lors que cette activité est compatible avec les fonctions qui lui sont confiées et n'affecte pas leur exercice.
Il peut s'agir des activités suivantes :
– activités exercées sous le statut de travailleur indépendant ;
– activité d'enseignant associé (personnel de l'enseignement supérieur) ;
– professions libérales en lien avec les fonctions principales d'enseignant, technique ou scientifique des établissements d'enseignement ou des activités à caractère artistique ;
■ Sans préjudice de l'engagement de poursuites disciplinaires, le non-respect de la procédure de cumul d'activités donne lieu au **reversement des sommes perçues au titre des activités interdites, par voie de retenue sur le traitement.**

▸ Activités librement exercées – Sans autorisation préalable

La production des œuvres de l'esprit : sont considérés notamment comme œuvres de l'esprit au sens de l'article L.112-2 du Code de la propriété intellectuelle :
1° Les livres, brochures et autres écrits littéraires, artistiques et scientifiques ;
2° Les conférences, allocutions, sermons, plaidoiries et autres œuvres de même nature ;
3° Les œuvres dramatiques ou dramatico-musicales ;
4° Les œuvres chorégraphiques, les numéros et tours de cirque, les pantomimes, dont la mise en œuvre est fixée par écrit ou autrement ;
5° Les compositions musicales avec ou sans paroles ;
6° Les œuvres cinématographiques et autres œuvres consistant dans des séquences animées d'images, sonorisées ou non, dénommées ensemble œuvres audiovisuelles ;
7° Les œuvres de dessin, de peinture, d'architecture, de sculpture, de gravure, de lithographie ;
8° Les œuvres graphiques et typographiques ;
9° Les œuvres photographiques et celles réalisées à l'aide de techniques analogues à la photographie ;
10° Les œuvres des arts appliqués ;
11° Les illustrations, les cartes géographiques ;

12° Les plans, croquis et ouvrages plastiques relatifs à la géographie, à la topographie, à l'architecture et aux sciences ;
13° Les logiciels, y compris le matériel de conception préparatoire ;
14° Les créations des industries saisonnières de l'habillement et de la parure.

3 Le cas particulier des communes de moins de 3 500 habitants

Pour maintenir les activités et la population dans les zones rurales et les moins peuplées, les communes de moins de 3 500 habitants (et les regroupements de communes de cette catégorie) sont autorisées à recruter un agent à temps non complet pour le mettre à la disposition d'employeur du secteur privé (art. 25 loi n° 2005-157 du 23 février 2005 relative au développement des territoires ruraux).

4 Les obligations de réserve et de neutralité

Si la liberté d'opinion est totale, l'expression des opinions trouve une limite dans les obligations de réserve et de neutralité auxquelles sont astreints les fonctionnaires. Ces obligations sont d'origine essentiellement jurisprudentielle.

A| L'obligation de réserve

Elle implique que les fonctionnaires, particulièrement ceux exerçant des fonctions d'autorité, témoignent d'une certaine retenue dans l'expression de leurs opinions, hormis les cas d'exercice de mandats politiques ou syndicaux.
Selon la jurisprudence, l'intensité de l'obligation de réserve varie en fonction de critères tels que la situation qu'occupe l'agent dans la hiérarchie, les circonstances dans lesquelles il s'est exprimé et, enfin, les modalités et les formes qu'a revêtues cette expression.

B| L'obligation de neutralité

■ Dans l'exercice de leurs fonctions, les fonctionnaires ne doivent pas se laisser influencer par leurs opinions ou convictions personnelles. Ils doivent garantir un égal traitement des usagers des services publics en dehors de toute considération d'opinions politiques, philosophiques ou religieuses.
Les fonctionnaires ne peuvent se servir de leurs fonctions pour se livrer à des activités de propagande politique, idéologique ou religieuse. Même en dehors de toute propagande, le fonctionnaire doit s'abstenir de manifester une quelconque opinion dans ses rapports avec les usagers du service public.
Le fonctionnaire doit rester neutre et impartial dans sa manière d'accomplir ses fonctions, notamment dans ses rapports avec les usagers.

■ Le code pénal punit en outre la partialité, qui consiste pour un fonctionnaire à prendre une décision par faveur ou par inimitié pour un particulier.

5 Les obligations de secret et de discrétion professionnels

A| L'obligation de secret professionnel

Cette obligation résulte de l'article 26, alinéa 1er de la loi n° 83-634 du 13 juillet 1983, « les fonctionnaires sont tenus au secret professionnel dans le cadre des règles instituées par le code pénal ». Ces dispositions renvoient aux articles 226-13 et 226-14 du nouveau code pénal.

B| L'obligation de discrétion professionnelle

Cette obligation est posée par l'article 26, alinéa 2 de la loi n° 83-634 du 13 juillet 1983 : « les fonctionnaires doivent faire preuve de discrétion professionnelle pour tous les faits, informations ou documents dont ils ont connaissance dans l'exercice de leurs fonctions ».

6 Les obligations de moralité et de probité

C'est la jurisprudence qui a posé le principe de ces obligations.

A| L'obligation de moralité

Elle signifie qu'un agent public ne doit pas choquer par son attitude ni porter atteinte à la dignité de la fonction publique, aussi bien dans l'exercice de ses fonctions que dans sa vie personnelle.

B| L'obligation de probité

Le fonctionnaire ne doit pas utiliser les moyens du service à des fins personnelles, ni avoir d'intérêts dans les personnes morales de droit privé que ses fonctions l'amèneraient à contrôler. Cette obligation complète l'obligation de se consacrer à ses fonctions.

7 L'obligation d'information du public

■ L'article 27 de la loi n° 83-634 du 13 juillet 1983 dispose que « les fonctionnaires ont le devoir de satisfaire aux demandes d'information du public. » Cette obligation traduit la mise en œuvre des dispositions des diverses lois et règlements, notamment de la loi du 17 juillet 1978 qui a posé les bases de l'accès aux documents administratifs.

■ La Commission d'accès aux documents administratifs (CADA) est chargée de veiller au respect de cette loi.

La déontologie du fonctionnaire

Les obligations du fonctionnaire fondent, avec ses droits, les bases de sa relation avec son employeur. Ces notions et leur nécessaire adaptation à l'évolution des libertés individuelles ainsi qu'à l'évolution de la société constituent le socle apportant aux fonctionnaires une égalité de traitement et garantissant une action publique conforme aux valeurs républicaines. Les droits et les obligations des fonctionnaires, objet de la loi du 13 juillet 1983, sont définis par le Titre I du statut général de la fonction publique. Il s'applique aux trois fonctions publiques : État, territoriale et hospitalière (FPE, FPT et FPH). Ces dispositions ont été complétées et renforcées par la loi n° 2016-483 du 20 avril 2016, parue au JO le 21 avril 2016, relative à la déontologie et aux droits et obligations des fonctionnaires.

1 Les devoirs des agents publics

A| Les devoirs

Le fonctionnaire exerce ses fonctions en respectant les principes suivants :
- dignité : à ce titre, il « traite de façon égale toutes les personnes et respecte leur liberté de conscience et leur dignité » ;
- impartialité ;
- intégrité ;
- probité ;
- neutralité ;
- laïcité : à ce titre, « il s'abstient notamment de manifester, dans l'exercice de ses fonctions, ses opinions religieuses ».

Il est à noter qu'il « appartient à tout chef de service de veiller au respect de ces principes dans les services placés sous son autorité. Tout chef de service peut préciser, après avis des représentants du personnel, les principes déontologiques applicables aux agents placés sous son autorité, en les adaptant aux missions du service. » (art. 25 de la loi n° 83-634 du 13 juillet 1983-art. 1 loi n° 2016-483 du 20 avril 2016).

B| Conflits d'intérêts et Haute Autorité pour la transparence de la vie publique

1. La situation de conflits d'intérêts

Le fonctionnaire doit veiller à faire cesser immédiatement ou à prévenir les **situations de conflit d'intérêts** dans lesquelles il se trouve ou pourrait se trouver.

Constitue un conflit d'intérêts toute situation d'interférence entre un intérêt public et des intérêts publics ou privés qui est de nature à influencer ou paraître **influencer l'exercice indépendant, impartial et objectif de ses fonctions.**

La loi énumère toutes les actions à mener pour faire cesser ou prévenir une situation de conflit d'intérêts, après avoir préalablement alerté en vain l'une de ses autorités territoriales.
De plus, il peut également se rapprocher du **référent déontologue placé auprès du Centre de gestion départemental compétent** (article 28 bis de la loi n° 83-634 du 13 juillet 1983).
Textes de référence
Articles 6terA et 25 bis de la loi n° 83-634 du 13 juillet 1983.
Article 2 loi n° 2016-483 du 20 avril 2016.

2. Déclaration d'intérêts et déclaration de situation patrimoniale

■ La nomination dans certains emplois haut placés, listés par un décret pris en Conseil d'État, devra être précédée d'une transmission d'une déclaration d'intérêts produite par le fonctionnaire à l'autorité hiérarchique dont il relève dans l'exercice de ses nouvelles fonctions. Ce dernier, en cas de doute, peut transmettre la déclaration d'intérêts à la Haute Autorité pour la transparence de la vie publique.
La déclaration d'intérêts ne doit comporter « aucune mention des opinions ou des activités politiques, syndicales, religieuses ou philosophiques de l'intéressé, hormis lorsque la révélation de ces opinions ou de ces activités résulte de la déclaration de fonctions ou de mandats exercés publiquement.
La déclaration d'intérêts est annexée au dossier du fonctionnaire selon des modalités garantissant sa confidentialité sous réserve de sa consultation par les personnes autorisées à y accéder.
Au cours de l'exercice des fonctions, toute modification substantielle des intérêts du fonctionnaire donne lieu, dans un délai de 2 mois, à une déclaration dans les mêmes formes. »

■ Une telle nomination nécessite également, dans un délai de 2 mois, une déclaration exhaustive, exacte et sincère de sa situation patrimoniale examinée par la Haute Autorité.

■ Une évaluation interviendra à la cessation de ses fonctions. Une variation de la situation patrimoniale sera appréciée par la Haute autorité

3. La spécificité des fonctionnaires bénéficiant d'un engagement d'un contrat de droit privé

Il est à noter le cas particulier du fonctionnaire, placé en position de détachement, de disponibilité ou hors cadre et bénéficiant d'un contrat de droit privé, qui exerce en tant que cadre dirigeant dans un organisme public ou un organisme privé bénéficiant de concours financiers publics et qui réintègre son corps ou cadre d'emplois d'origine.
Dans ce cas, il ne peut percevoir des indemnités liées à la cessation de ses fonctions au sein de cet organisme, à l'exception de l'indemnité compensatrice de congés payés.

2 La fusion entre la HATVP et la commission de déontologie (loi du 6 août 2019)

■ Depuis le 1er février 2020, la Haute Autorité pour la transparence de la vie publique (HATVP) a repris toutes les compétences de la commission de déontologie (CDFP) : l'objectif poursuivi était de renforcer l'indépendance des contrôles déontologiques dans la fonction publique.

■ Les attributions de la commission de déontologie sont les suivantes :
– la commission est chargée d'examiner la compatibilité du projet de création ou de reprise d'une entreprise par un fonctionnaire ;
– la commission apprécie la compatibilité de toute activité lucrative, salariée ou non, dans une entreprise privée ou un organisme de droit privé, ou de toute activité libérale, avec les fonctions exercées au cours des 3 années précédant le début de cette activité, lorsque le fonctionnaire cesse définitivement ou temporairement ses fonctions. L'autorité, dont il relève dans son cadre d'emplois d'origine, saisit à titre préalable la commission. L'objectif de la commission est d'apprécier si l'activité qu'exerce ou que projette d'exercer le fonctionnaire risque de compromettre ou de mettre en cause le fonctionnement normal, l'indépendance ou la neutralité du service ou de méconnaître tout principe déontologique.

■ Dans un délai de 2 mois à compter de sa saisine est rendu un avis :
– de compatibilité : avis ne liant pas l'administration ;
– de compatibilité avec réserves : avis liant l'administration et s'imposant à l'agent ;
– d'incompatibilité : avis liant l'administration et s'imposant à l'agent ;
– d'incompétence, d'irrecevabilité ou constatant qu'il n'y a pas lieu à statuer.

■ Les agents ne respectant pas ces avis, alors même qu'ils s'imposent à l'administration, risquent :
– des poursuites disciplinaires ;
– une retenue sur pension dans la limite de 20 % pendant les trois ans suivant la cessation de ses fonctions (pour le fonctionnaire retraité) ;
– une fin de contrat à la date de notification de l'avis sans préavis et ni indemnité de rupture (pour l'agent contractuel).

■ Le recrutement des candidats à des postes supposant l'exercice de hautes responsabilités (liste précisée dans le décret du 30 janvier 2020) est conditionné à un contrôle déontologique par l'autorité hiérarchique ou par la HATVP elle-même.

26

Fiche

Les droits du fonctionnaire

Les droits du fonctionnaire fondent, avec ses obligations, les bases de sa relation avec son employeur. Les droits et les obligations du fonctionnaire, objet de la loi du 13 juillet 1983, correspondent au Titre I du statut général de la fonction publique. Ce titre s'applique aux trois fonctions publiques : État, territoriale et hospitalière (FPE, FPT et FPH). Le fonctionnaire bénéficie de droits comme chaque citoyen ou salarié mais aussi de droits spécifiques propres à la fonction publique.

1 Les droits de l'agent public en qualité de citoyen

A| La liberté d'opinion

L'article 6 de la loi du 13 juillet 1983 portant droits et obligations des fonctionnaires garantit la liberté d'opinion des fonctionnaires. Une liberté encadrée par les obligations de neutralité et de réserve qui s'imposent aux fonctionnaires. Cet article dispose également qu'« aucune distinction ne peut être faite entre les agents publics en fonction des opinions politiques, syndicales, philosophiques ou religieuses. »

B| L'égalité des sexes

- L'article 6 de la loi du 13 juillet 1983 interdit toute distinction entre les fonctionnaires selon leur sexe. Ainsi, les hommes et les femmes disposent d'un égal accès à la fonction publique et bénéficient des mêmes droits dans la gestion de leur carrière et de leur rémunération.
- La loi du 6 août 2020 a considérablement renforcé les contraintes visant à permettre une effective égalité professionnelle. Plusieurs décrets ont pour objectif de favoriser un développement symétrique des parcours professionnels : on retiendra par exemple l'extension du dispositif des nominations équilibrées dans les collectivités territoriales et EPCI de plus de 40 000 habitants (décret du 30 décembre 2019).

2 Les droits de l'agent public en qualité de salarié

A| Le droit syndical

- Le préambule de la Constitution du 27 octobre 1946 dispose que « Tout homme peut défendre ses droits et ses intérêts par l'action syndicale et adhérer au syndicat de son choix ». Ainsi reconnu, le droit syndical est garanti aux fonctionnaires qui peuvent librement créer des organisations syndicales, y adhérer et exercer en leur sein des mandats selon les dispositions de l'article 8 de la loi du 13 septembre 1983.

■ L'exercice du droit syndical dans la fonction publique connaît des limites posées par les droits et obligations définis par le statut général.
Les représentants syndicaux doivent donc limiter leur action aux intérêts professionnels qu'ils ont vocation à défendre.

B| Le droit de participation

■ La représentation des fonctionnaires au sein des organismes consultatifs est une garantie fondamentale reconnue par la Constitution régie par l'article 9 de la loi du 13 juillet 1983 qui précise : « les fonctionnaires participent par l'intermédiaire de leurs délégués siégeant dans des organismes consultatifs, à l'organisation et au fonctionnement des services publics, à l'élaboration des règles statutaires et à l'examen des décisions individuelles relatives à leur carrière ».
■ Ces organismes peuvent être nationaux comme le Conseil supérieur de la fonction publique territoriale (CSFPT) ou constitués auprès de chaque collectivité territoriale.

C| Le droit de grève

■ Le droit de grève se définit comme une cessation concertée, totale ou partielle, des activités professionnelles, entreprise à l'appui de revendications sociales. La Constitution du 27 octobre 1946 l'a reconnu à toutes les catégories de salariés, y compris les fonctionnaires, sous réserve que le caractère professionnel de la grève soit établi.
■ La loi du 6 août 2019 a introduit un article 7-2 dans le texte du 26 janvier 1984 dont les dispositions, d'application immédiate, encadrent le droit de grève dans la fonction publique territoriale.

D| Le droit à la formation permanente

■ Le droit à la formation permanente, dénommée depuis la loi du 19 février 2007 « tout au long de la vie », est accordé aux fonctionnaires selon l'article 22 de la loi du 13 juillet 1983.
■ Le Centre national de la fonction publique territoriale (CNFPT) est chargé de la formation de tous les agents territoriaux (formation initiale, formation continue, préparation aux concours de la fonction publique territoriale).
■ La loi du 19 février 2007 relative à la FPT avait instauré un DIF (droit à la formation individuelle) de 20 heures par an, cumulables sur 6 ans, ainsi qu'un livret de formation (LIF).
Depuis l'ordonnance n° 2017-53 du 19 janvier 2017, le compte personnel d'activité (CPA) applicable à l'ensemble des agents publics est l'aboutissement d'un processus de concertation avec les partenaires sociaux et les employeurs engagé en avril 2016. Le compte personnel d'activité qui comprend le compte personnel de formation (CPF) et le compte d'engagement citoyen permet dorénavant à chaque agent public d'acquérir des droits

permettant d'accéder à une offre de formation élargie en vue de réaliser un projet d'évolution professionnelle. Le CPA est alimenté chaque 31 décembre de 24 heures/an jusqu'à 120 heures puis de 12 heures/an dans la limite d'un plafond global de 150 heures.
Le CPF recouvre les formations de perfectionnement et les préparations des concours et examens.

■ La formation initiale obligatoire pour tout stagiaire et futur fonctionnaire de la FPT est caractérisée par une formation d'intégration et de professionnalisation quelle que soit la catégorie de l'agent : A, B ou C.

E| Le droit à congés

■ Les fonctionnaires ont droit à différents types de congés dont les principaux sont :
- les congés annuels ;
- les congés de maladie ;
- les congés de maternité et les congés liés à la parentalité ;
- les congés de formation professionnelle ;
- les congés pour formation syndicale (art. 21 de la loi du 13 juillet 1983).

■ Les nouvelles dispositions de la loi n° 2016-483 du 20 avril 2016 prévoient un nouveau congé avec traitement pour accomplir :
- soit une période de service militaire, d'instruction militaire ou d'activité dans la réserve opérationnelle pour une durée inférieure ou égale à 30 jours cumulés par an ;
- soit une période d'activité dans la réserve de sécurité civile d'une durée inférieure ou égale à 15 jours cumulés par an ;
- soit une période d'activité dans la réserve sanitaire ;
- soit une période d'activité dans la réserve civile de la police nationale d'une durée de 45 jours.

F| Le droit à rémunération

■ Les fonctionnaires ont droit, après service fait, à une rémunération comprenant le traitement, l'indemnité de résidence, le supplément familial de traitement ainsi que les indemnités de fonction instituées par un texte législatif ou réglementaire.
S'agissant des régimes indemnitaires, leur attribution est conditionnée par un vote favorable de l'organe délibérant de chaque collectivité.

■ La loi du 6 août 2019 renforce la transparence des rémunérations : les collectivités territoriales de plus de 80 000 habitants doivent à présent publier chaque année (site internet) la somme des dix plus hautes rémunérations d'une part et la répartition des hommes et des femmes percevant ces rémunérations.

3 Les droits spécifiques du fonctionnaire

A| Le droit à la protection contre les menaces et injures et contre les poursuites civiles : protection fonctionnelle

■ L'article 11 de la loi du 13 juillet 1983 portant droits et obligations des fonctionnaires prévoit que les fonctionnaires bénéficient, à l'occasion de leurs fonctions, d'une protection organisée par la collectivité publique dont ils dépendent conformément aux règles fixées par le code pénal et les lois spéciales.

■ La loi n° 2016-483 du 20 avril 2016, parue au JO le 21 avril, relative à la déontologie et aux droits et obligations des fonctionnaires est venue renforcer la protection fonctionnelle des agents et de leur famille.

1. Principe général : la protection du fonctionnaire

■ À raison de ses fonctions et indépendamment des règles fixées par le code pénal et par les lois spéciales, le fonctionnaire ou, le cas échéant, l'ancien fonctionnaire bénéficie d'une protection organisée par la collectivité publique qui l'emploie à la date des faits en cause ou des faits ayant été imputés de façon diffamatoire.
Cette disposition affirme l'application de la protection fonctionnelle aux anciens fonctionnaires dès lors que l'agent est poursuivi, menacé, ou subit un préjudice du fait des fonctions qu'il a exercées quand il était en activité.
La collectivité publique est tenue de protéger le fonctionnaire contre les atteintes volontaires à l'intégrité de la personne, les violences, les agissements constitutifs de harcèlement, les menaces, les injures, les diffamations ou les outrages dont il pourrait être victime sans qu'une faute personnelle puisse lui être imputée. Elle est tenue de réparer, le cas échéant, le préjudice qu'il a pu causer.

■ La protection peut être accordée, sur leur demande, au conjoint, au concubin, au partenaire lié par un pacte civil de solidarité au fonctionnaire, à ses enfants et à ses ascendants directs pour les instances civiles ou pénales qu'ils engagent contre les auteurs d'atteintes volontaires à l'intégrité de la personne dont ils sont eux-mêmes victimes du fait des fonctions exercées par le fonctionnaire.

2. Faute de service ou faute personnelle

a. La faute de service

Lorsque le fonctionnaire a été poursuivi par un tiers pour faute de service et que le conflit d'attribution n'a pas été élevé, la collectivité publique doit, dans la mesure où une faute personnelle détachable de l'exercice de ses fonctions n'est pas imputable au fonctionnaire, le couvrir des condamnations civiles prononcées contre lui.

b. L'absence de faute personnelle détachable du service – Procédure pénale

Lorsque le fonctionnaire fait l'objet de poursuites pénales à raison de faits qui n'ont pas le caractère d'une faute personnelle détachable de l'exercice de ses fonctions, la collectivité publique doit lui accorder sa protection.

Textes de référence

- Article 11 de la loi n° 83-634 du 13 juillet 1983
- Article 20 loi n° 2016-483 du 20 avril 2016

B| La garantie en matière de conflits d'intérêts

Il est instauré une garantie visant à protéger le fonctionnaire qui relate ou témoigne, de bonne foi, de faits susceptibles d'être qualifiés de conflits d'intérêts afin d'interdire que cela puisse nuire au déroulement normal de sa carrière.

Texte de référence

- Article 4 loi n° 2016-483 du 20 avril 2016

C| Le droit d'accès à son dossier individuel

La loi 17 juillet 1978 relative à la liberté d'accès aux documents administratifs pose le principe de libre accès au dossier administratif qui s'applique à tous les agents employés par les employeurs publics : stagiaire, titulaire, non titulaire, contractuel de droit privé.

D| Le droit à la mobilité

La loi n° 2009-972 du 3 août 2009 relative à la mobilité et aux parcours professionnels a posé comme nouveau principe le droit à la mobilité des fonctionnaires.

Cette mobilité s'exerce avec un délai de préavis maximum de 3 mois.

Plusieurs cas de mobilité sont à envisager.

1. La mutation

Elle est interne s'il s'agit d'une mutation au sein d'une même collectivité, ou externe en cas de changement de collectivité.

2. Le détachement

À la demande du fonctionnaire territorial alors placé hors de son cadre d'emplois. Il peut être de courte durée (6 mois maximum) ou de 5 ans au plus en cas de détachement de longue durée. C'est dans ce cadre que le fonctionnaire peut exercer sa mobilité dans une fonction publique différente de celle à laquelle il appartient.

3. La mise à disposition

Le fonctionnaire, tout en demeurant dans son cadre d'emplois d'origine et avec son accord, effectue son service dans une autre collectivité territoriale ou administration, voire dans toute entreprise privée ayant une mission de service public.

4. L'intégration directe

Depuis la loi du 3 août 2009 relative à la mobilité et aux parcours professionnels dans la fonction publique, cette disposition est possible entre cadres d'emplois de niveau comparable, excepté si l'accès au corps ou au cadre d'emplois est conditionné à la détention de titres ou de diplômes spécifiques.

E| Le droit de retrait

Ce droit est issu de l'article 5-1 du décret n° 2000-542 du 16 juin 2000, modifiant le décret n° 85-603 du 10 juin 1985 relatif à l'hygiène et à la sécurité du travail ainsi qu'à la médecine professionnelle et préventive dans la FPT.

Le droit de retrait s'applique, pour le fonctionnaire, en cas de péril grave et imminent pour sa vie ou pour sa santé ou s'il constate une défectuosité dans les systèmes de protection, il en avise immédiatement son supérieur hiérarchique ; dans ce cas aucune sanction ne peut être prise, aucune retenue de rémunération ne peut être effectuée.

F| Le droit à consulter un référent déontologue

Tout fonctionnaire a le droit de consulter un référent déontologue, chargé de lui apporter tout conseil utile au respect des obligations et des principes déontologiques.

Cette mission serait assurée par le centre de gestion. Cette mesure est conditionnée par la publication d'un décret en Conseil d'État qui déterminera les modalités et critères de désignation des référents déontologues.

Textes de référence

- Article 28 bis de la loi n° 83-634 du 13 juillet 1983 et 23 de la loi n° 84-53 du 26 janvier 1984
- Article 11 loi n° 2016-483 du 20 avril 2016

G| Les garanties étendues aux agents contractuels

Le décret n° 2016-1156 du 24 août 2016 a adapté, pour les agents contractuels, les garanties prévues par la loi n° 83-634 du 13 juillet 1983 portant droits et obligations des fonctionnaires.

Aucune mesure discriminatoire, directe ou indirecte, concernant le recrutement, l'affectation, la détermination ou la réévaluation de la rémunération, la promotion, la formation, l'évaluation, la discipline, la mobilité, la portabilité du contrat, le reclassement, le licenciement et le non-renouvellement du contrat ne peut être prise à l'égard d'un agent contractuel de droit public.

Fiche 27

Les sanctions disciplinaires dans la fonction publique territoriale

En cas de fautes, le fonctionnaire peut s'exposer à des sanctions disciplinaires prévues par les textes satutaires.

1 Les sanctions disciplinaires

A| Principes généraux

- La sanction ne peut être rétroactive.
- Plusieurs sanctions ne peuvent être prononcées à raison des mêmes faits.
- La sanction doit être motivée.
- Elle doit être proportionnée à la faute commise.

B| Quatre groupes de sanctions

- Les sanctions sont classées en 4 groupes :

– premier groupe : l'avertissement, le blâme, l'exclusion temporaire de fonctions (maximum 3 jours) ;

– deuxième groupe : la radiation du tableau d'avancement, l'abaissement d'échelon, l'exclusion temporaire de fonctions (durée maximale 15 jours), le déplacement d'office ;

– troisième groupe : la rétrogradation, l'exclusion temporaire (3 mois à 2 ans) ;

– quatrième groupe : la mise à la retraite d'office, la révocation.

- Le blâme est inscrit au dossier du fonctionnaire et effacé automatiquement au bout de 3 ans, si aucune sanction n'est intervenue pendant cette période.
- La radiation du tableau d'avancement peut être prononcée à titre de sanction complémentaire d'une des sanctions des 2e et 3e groupes.
- L'exclusion temporaire de fonctions (privative de toute rémunération) peut être assortie d'un sursis total ou partiel. Celui-ci ne peut avoir pour effet, dans le cas de l'exclusion temporaire de fonctions du 3e groupe, de ramener la durée de cette exclusion à moins d'un mois. L'intervention d'une sanction disciplinaire du 2e ou 3e groupe pendant une période de 5 ans après le prononcé de l'exclusion temporaire entraîne la révocation du sursis. En revanche, si aucune sanction disciplinaire autre que l'avertissement ou le blâme n'a été prononcée durant cette même période à l'encontre de l'intéressé, ce dernier est dispensé définitivement de l'accomplissement de la partie de la sanction pour laquelle il a bénéficié du sursis.

■ Seules les sanctions disciplinaires du premier groupe peuvent être prises par l'autorité territoriale sans avis préalable du conseil de discipline.

■ À partir des sanctions du 2e groupe, l'avis préalable du conseil de discipline doit être sollicité. Dans ce cas, les CAP siègent en conseil de discipline sollicité pour avis sur une procédure disciplinaire qui nécessite au préalable l'information nécessaire de l'agent sur :
- son droit à communication du dossier complet ;
- sa possibilité de se faire assister par un ou plusieurs défenseurs de son choix.

2 L'instruction de la procédure disciplinaire

■ Une enquête peut être effectuée (à l'initiative de l'administration ou du conseil de discipline).

■ Le fonctionnaire peut présenter des observations écrites ou orales, citer des témoins, se faire assister par le défenseur de son choix.

■ La consultation du conseil de discipline est un préalable nécessaire : « Aucune sanction disciplinaire autre que l'avertissement ou le blâme ne peut être prononcée sans consultation préalable d'un organisme siégeant en conseil de discipline dans lequel le personnel est représenté. »

■ Le conseil de discipline est saisi par un rapport de l'autorité ayant pouvoir disciplinaire indiquant les faits reprochés au fonctionnaire et les circonstances dans lesquelles ils se sont produits. Le fonctionnaire est convoqué par le président du conseil de discipline 15 jours au moins avant la date de la réunion par lettre recommandée avec accusé de réception.

■ Cet organisme rend un avis qui doit être motivé et transmis à l'autorité ayant pouvoir disciplinaire. Celle-ci n'est pas liée par cette proposition, mais ne peut infliger que les sanctions prévues par les textes.

3 Le conseil de discipline

■ Il est composé des membres de la CAP représentant le grade du fonctionnaire poursuivi, et ceux du grade immédiatement supérieur, ainsi qu'un nombre égal de représentants de l'administration.
Ne doivent toutefois pas siéger :
- des fonctionnaires d'un grade inférieur à celui du fonctionnaire poursuivi ;
- des fonctionnaires ayant manifesté une animosité particulière envers le fonctionnaire poursuivi.

■ Pour délibérer valablement, le conseil doit comporter les 3/4 au moins de ses membres.

■ Enfin, il est présidé par un magistrat administratif désigné par le président du tribunal du ressort où est situé le siège du conseil de discipline.

■ Le fonctionnaire peut s'il le souhaite faire appel de la décision du conseil de discipline devant le conseil de discipline départemental de recours.

4 Les recours

Le recours peut être gracieux ou hiérarchique. Un fonctionnaire qui s'estime frappé d'une sanction abusive peut présenter un recours gracieux auprès de l'autorité qui a infligé la sanction ; celle-ci peut la maintenir, l'atténuer ou la retirer dans les conditions de droit commun.

5 Le délai de prescription

■ La loi n° 2016-483 du 20 avril 2016, parue au JO le 21 avril 2016, relative à la déontologie et aux droits et obligations des fonctionnaires, a introduit un délai de prescription.
Ainsi, aucune procédure disciplinaire ne peut être engagée au-delà d'un délai de 3 ans à compter du jour où l'administration a eu une connaissance effective de la réalité, de la nature et de l'ampleur des faits passibles de sanction.
En cas de poursuites pénales exercées à l'encontre du fonctionnaire, ce délai est interrompu jusqu'à la décision définitive de classement sans suite, de non-lieu, d'acquittement, de relaxe ou de condamnation.
Passé ce délai, et hormis le cas où une autre procédure disciplinaire a été engagée à l'encontre de l'agent avant l'expiration de ce délai, les faits en cause ne peuvent plus être invoqués dans le cadre d'une procédure disciplinaire.

■ **Textes de référence**
- Article 19 de la loi n° 83-634 du 13 juillet 1983
- Article 36 de la loi n° 2016-483 du 20 avril 2016

Le déroulement de carrière

Le déroulement de carrière des fonctionnaires territoriaux obéit à des règles définies par le statut général et les statuts particuliers de chaque cadre d'emplois. Après avoir été recruté et affecté sur un emploi, le fonctionnaire bénéficie d'une carrière qui améliore sa rémunération et ses conditions de travail soit par avancement de grade ou d'échelon, soit par promotion dans un autre corps ou cadre d'emplois.

1 La nomination en qualité de stagiaire

La nomination en qualité de fonctionnaire stagiaire intervient lors de l'accès à un cadre d'emplois, qu'il s'agisse :
– de la première nomination dans la fonction publique, résultant d'un recrutement direct pour les emplois de base de la catégorie C ou de la nomination consécutive à un recrutement faisant suite à l'inscription sur une liste d'aptitude d'un concours d'accès à la FPT ;
– ou de l'accès à un nouveau cadre d'emplois, en cours de carrière, suite à l'obtention d'un concours ou résultant d'une promotion interne.

2 Le déroulement du stage

■ Le stage est une période destinée à vérifier l'aptitude du fonctionnaire à exercer ses fonctions.
■ À l'issue de cette période, le stagiaire a vocation à être titularisé après avis de la CAP, sur proposition de l'exécutif de la collectivité territoriale concernée. La durée du stage, les conditions de son renouvellement et la situation du stagiaire durant cette période sont régies par des règles spécifiques.
■ Le stage :
– se déroule sur le poste de travail lui-même ;
– comporte une session de formation d'intégration obligatoire d'une durée de 5 jours pour les cadres d'emplois des catégories A, B et C – excepté pour les catégories dénommées A + où la formation se déroule à l'Institut national d'études territoriales (INET de Strasbourg). Les administrateurs territoriaux, conservateurs du patrimoine et conservateurs des bibliothèques ont le statut d'élève avant de pouvoir exercer leurs fonctions en collectivités territoriales. Ainsi, les lauréats de ces 3 concours doivent effectuer une formation initiale d'application d'une durée de 18 mois en tant qu'élèves du CNFPT.

A| La durée du stage

La durée normale du stage et les conditions dans lesquelles il peut être prolongé, lorsque l'aptitude professionnelle du stagiaire n'est pas jugée suffisante pour permettre sa titularisation à la fin de la durée normale, sont fixées par les statuts particuliers des cadres d'emplois. Cette durée normale est généralement d'un an.
Le stage ne peut être prolongé que d'une durée au maximum égale à la durée normale, sauf disposition contraire relevant du statut particulier du cadre d'emplois dont il s'agit.
Toute décision de prolongation de stage est soumise à l'avis préalable de la CAP (voir fiche 22) concernée au vu de l'appréciation formulée par le supérieur hiérarchique et validé par l'autorité territoriale.

B| La situation du fonctionnaire pendant le stage

Le fonctionnaire stagiaire est soumis aux mêmes droits et obligations que le fonctionnaire titulaire. Néanmoins, certaines dispositions ne s'appliquent pas aux stagiaires. En cas de mutation pendant la durée de son stage, le fonctionnaire stagiaire redémarre son stage dans sa collectivité d'accueil.

3 L'avancement

Au cours de sa vie professionnelle, le fonctionnaire territorial voit sa situation professionnelle évoluer selon des règles d'avancement propres au cadre d'emplois auquel il appartient. Ces dispositions lui donnent accès aux échelons, grades ou cadres d'emplois supérieurs. Pour le cadre d'emplois des rédacteurs, le grade de base est celui de rédacteur ; le premier grade d'avancement est celui de rédacteur principal de 2e classe, le grade terminal est celui de rédacteur principal de 1re classe.

A| L'avancement d'échelon

Il consiste à passer d'un échelon à l'échelon immédiatement supérieur à l'intérieur d'un même grade. La durée dans l'échelon est fixée par chaque statut particulier. Après avoir été définie par une durée minimale et une durée maximale, la durée dans chaque échelon sera unique à compter du 1er janvier 2017. L'avancement d'échelon est fonction à la fois de l'ancienneté et de l'évaluation de la valeur professionnelle du fonctionnaire.

B| L'avancement de grade

Il a lieu de façon continue, d'un grade au grade immédiatement supérieur, sauf en cas de sélection professionnelle. Cet avancement peut être subordonné à la justification d'une durée minimale de formation professionnelle au cours de la carrière. Des conditions de grade, d'échelon et d'ancienneté sont aussi fixées par les statuts particuliers. L'avancement de grade peut intervenir selon 3 procédures différentes : au choix, après examen professionnel ou après concours d'accès à un grade supérieur.

Cette obligation statutaire exprimait la valeur professionnelle des personnels et se composait d'une note chiffrée et d'une appréciation générale. Pour les fonctionnaires, elle constituait le fondement du système de l'avancement.

Mais elle a disparu pour être remplacée par un dispositif d'évaluation institué par la loi MAPTAM du 27 janvier 2014 qui a stipulé la pratique obligatoire de l'entretien professionnel.

4 L'entretien professionnel

Prévu par la loi n° 2009-972 du 3 août 2009 et confirmé par la loi MAPTAM du 27 janvier 2014, l'entretien professionnel est désormais mis en place dans la FPT. Il est conduit par le supérieur hiérarchique direct et porte principalement sur :

– les résultats professionnels de l'agent, eu égard aux objectifs qui lui ont été assignés et aux conditions d'organisation et de fonctionnement de son service ;

– ses objectifs fixés pour l'année à venir et les perspectives d'évolution de ses résultats professionnels, compte tenu, le cas échéant, des évolutions prévisibles en matière d'organisation et de fonctionnement du service ;

– les critères qui suivent : sa manière de servir ; les acquis de son expérience professionnelle ; le cas échéant, ses capacités d'encadrement ; ses besoins de formation eu égard, notamment, à ses missions, aux compétences qu'il doit acquérir et aux formations dont il a bénéficié ; ses perspectives d'évolution professionnelle en termes de carrière et de mobilité.

5 Le changement de cadre d'emplois

Il peut intervenir :

– à la suite de la réussite à un concours ;

– à la suite d'une promotion interne au choix après avis de la CAP qui permet d'accéder à un cadre d'emplois supérieur. La promotion interne n'est pas automatique, elle est laissée à l'appréciation de l'autorité territoriale. Elle est soumise à certaines conditions (âge, ancienneté, parfois réussite à un examen professionnel…) qui sont précisées dans chaque statut particulier. Le nombre de postes ouverts à la promotion interne est soumis à des quotas définis par l'assemblée délibérante de chaque collectivité territoriale ;

– à la suite d'un détachement (voir fiche 29) entre filières de la FPT.

6 La cessation de fonctions

Elle est consécutive à des faits qui affectent la situation du fonctionnaire.

A| La retraite

À la suite de la réforme des retraites introduites par la loi 2014-40 du 20 janvier 2014, la durée d'assurance requise pour obtenir une retraite à taux plein augmentera d'un trimestre tous les 3 ans pour les générations partant à la retraite entre 2020 et 2035. Ainsi, pour la génération née en 1958, la durée d'assurance nécessaire est de 41,75 années pour obtenir une liquidation à taux plein à 62 ans en 2020. Certaines catégories d'agents affectés sur des emplois classés dans la catégorie active par arrêtés ministériels (par ex. : sapeurs pompiers ; policiers municipaux) peuvent prétendre à une retraite anticipée.

B| La démission

Elle doit au préalable être acceptée par l'autorité territoriale sinon le fonctionnaire relèvera de la procédure d'abandon de poste.

C| Le licenciement

Il peut intervenir à l'issue de la période de stage pour insuffisance professionnelle. Il intervient lorsqu'un emploi est supprimé et que le fonctionnaire concerné refuse successivement trois propositions de reclassement, soit lorsque l'agent ne remplit plus les conditions nécessaires pour demeurer dans la fonction publique. La déchéance des droits civiques prononcée lors d'une condamnation pénale a pour conséquence le licenciement du fonctionnaire.

D| La révocation

Elle intervient après le lancement d'une procédure disciplinaire et avis du conseil de discipline.

Les positions administratives du fonctionnaire

La carrière du fonctionnaire se déroule dans un ou plusieurs cadres d'emplois selon l'évolution de carrière qui lui est appliquée qu'il déroule au gré de son projet professionnel. Cette carrière peut connaître des situations juridiques différentes, des positions qui caractérisent la relation fonctionnaire/employeur.

1 Les textes

Chaque position administrative est régie par des dispositions propres. Ces dispositions ont été modifiées par la loi n° 2016-483 du 20 avril 2016, parue au JO le 21 avril 2016, relative à la déontologie et aux droits et obligations des fonctionnaires.

2 Les différentes positions administratives

■ L'employeur territorial a l'obligation de placer ses fonctionnaires dans une des positions statutaires précisées par l'article 12 bis de la loi n° 83-634 du 13 juillet 1983. Le fonctionnaire est placé dans une des positions suivantes :
1° activité ;
2° détachement ;
3° disponibilité ;
4° congé parental.

■ Les positions sont dorénavant au nombre de 4 et non plus 6 (suppression de la position hors cadre comme de la position d'accomplissement du service national et des activités dans la réserve opérationnelle, dans la réserve sanitaire et dans la réserve civile de la police nationale).

■ Lorsqu'un fonctionnaire est titularisé ou intégré dans un corps ou cadre d'emplois d'une fonction, il ne peut pas cumuler plusieurs positions administratives pendant la même période.

A| L'activité

1. Les congés

C'est la position du fonctionnaire qui, titulaire d'un grade, exerce effectivement des fonctions de l'un des emplois correspondant à ce grade. L'activité peut être exercée à temps plein ou à temps partiel. Les fonctionnaires ont droit à différents types de congés dont les principaux sont :
- les congés annuels ;
- les congés de maladie ;
- les congés de maternité ou de présences parentales ;

– les congés de formation professionnelle ;
– les congés pour formation syndicale.

2. Les congés particuliers

Compte tenu de la suppression de la position d'accomplissement du service national et des activités dans la réserve opérationnelle, dans la réserve sanitaire et dans la réserve civile de la police nationale, les nouvelles dispositions de loi n° 2016-483 du 20 avril 2016 prévoient un nouveau congé avec traitement pour accomplir :
– soit une période de service militaire, d'instruction militaire ou d'activité dans la réserve opérationnelle pour une durée inférieure ou égale à 30 jours cumulés par an ;
– soit une période d'activité dans la réserve de sécurité civile d'une durée inférieure ou égale à 15 jours cumulés par an ;
– soit une période d'activité dans la réserve sanitaire ;
– soit une période d'activité dans la réserve civile de la police nationale d'une durée de 45 jours.

B| La mise à disposition

■ C'est un aménagement de la position d'activité. Il s'agit d'une forme de mobilité du fonctionnaire au même titre que la mutation ou le détachement. Dans cette position, le fonctionnaire demeure administrativement dans son cadre d'emplois et sa collectivité d'origine mais effectue son service dans une autre collectivité territoriale, une association reconnue d'utilité publique ou un organisme à but non lucratif.
La mise à disposition prend fin à la demande du fonctionnaire ou de la collectivité d'accueil qui doit rembourser à la collectivité d'origine le montant de la rémunération versée au fonctionnaire.
La nouvelle rédaction introduite par la loi n° 2016-483 du 20 avril 2016, parue au JO le 21 avril 2016, relative à la déontologie et aux droits et obligations des fonctionnaires ouvre la possibilité de mettre à disposition un fonctionnaire auprès d'un Groupement d'Intérêts Publics (GIP) et des institutions ou organes de l'Union européenne (U.E.).
■ Par ailleurs, il est précisé que la lettre de mission vaut convention lors de la mise à disposition d'un fonctionnaire en tant qu'expert national auprès des organisations internationales intergouvernementales, d'une institution ou d'un organe de l'U.E. ou d'un Etat étranger.
■ Enfin, la possibilité de déroger au principe du remboursement pour les GIP et de l'U.E. a été introduite par la loi n° 2016-483 du 20 avril 2016, par application des articles qui suivent :
Textes de référence
– Article 61-1 de la loi n° 84-53 du 26 janvier 1984
– Article 33 loi n° 2016-483 du 20 avril 2016

C| Le détachement

C'est la position du fonctionnaire qui est placé hors de son cadre d'emplois et de son grade, tout en continuant d'y acquérir des droits en matière d'avancement et de retraite.

1. Les catégories de détachement

Il existe 2 catégories de détachement :
- le détachement de courte durée : 6 mois maximum ;
- le détachement de longue durée : 5 ans maximum renouvelable.

Il ne peut être prononcé qu'à la suite de la demande du fonctionnaire et dans des cas limitativement prévus notamment :
- auprès d'une administration ou d'un établissement public de l'État ;
- auprès d'une entreprise ou d'un organisme privé d'intérêt général ou à caractère associatif assurant des missions d'intérêt général ;
- pour enseigner à l'étranger ;
- pour exercer les fonctions de membres du gouvernement, un mandat local ou une fonction publique élective difficilement conciliable avec l'exercice normal de la fonction d'élu ;
- pour exercer un mandat syndical.

2. Les cadres d'emplois concernés

La loi n° 2009-972 du 3 août 2009 relative à la mobilité et aux parcours professionnels dans la fonction publique permet désormais le détachement ou l'intégration directe dans tout cadre d'emplois. Le détachement ou l'intégration directe s'effectue entre corps et cadres d'emplois appartenant à la même catégorie et comparable. Le niveau comparable est apprécié au regard des conditions de recrutement ou de la nature des missions (notamment le degré de responsabilité qu'elles impliquent). Cependant, lorsque l'exercice de la fonction du corps ou cadre d'emplois est soumis à la détention d'un titre ou d'un diplôme spécifique, l'accès à ces fonctions est subordonné à la détention de ce titre ou diplôme.

Pour apprécier les conditions de recrutement, sont pris en compte à la fois le niveau de qualification ou de formation requis pour l'accès au corps ou cadre d'emplois, le mode de recrutement dans le corps ou cadre d'emplois et le vivier et les conditions de recrutement par la voie de promotion interne. Pour apprécier les missions, sont pris en compte le type de fonctions auxquelles elles donnent accès, et le type d'activités ou de responsabilités qu'elles impliquent, quelle que soit la filière professionnelle dans laquelle elles s'inscrivent.

D| La disponibilité

■ Le fonctionnaire en disponibilité est placé hors de son administration ou service d'origine et cesse de bénéficier de ses droits à rémunération, à l'avancement et à la retraite.

■ La loi pour « la liberté de choisir son avenir professionnel » contient un chapitre V intitulé « Mesures relatives au parcours professionnel dans la fonction publique » qui comporte 3 articles modifiant les dispositions relatives à la disponibilité pour les trois versants de la fonction publique. Par dérogation à la définition statutaire de la disponibilité, il est prévu dans la limite de 5 ans le maintien à l'avancement du fonctionnaire qui exerce une activité professionnelle au cours d'une période de disponibilité et l'assimilation de cette période à des services effectifs dans le corps ou le cadre d'emplois.

■ La disponibilité peut être prononcée à la demande du fonctionnaire ou d'office par l'employeur notamment en cas d'inaptitude à l'exercice des fonctions.

■ Sa durée varie selon les cas, elle peut être accordée de droit ou sous réserve de nécessité de service. On distingue la disponibilité pour raisons familiales de la disponibilité pour convenances personnelles. La disponibilité est accordée pour une période de 3 ans renouvelable.

■ Les périodes de disponibilités ne peuvent excéder une durée de 10 ans pour une même carrière.

■ Le fonctionnaire doit demander sa réintégration au moins 3 mois avant l'expiration de sa disponibilité.

■ À l'issue d'une disponibilité de droit de plus de 6 mois pour raisons familiales, le fonctionnaire est réintégré sur un emploi correspondant à son grade. S'il refuse le poste proposé, il est placé en disponibilité d'office en attendant qu'un nouveau poste puisse lui être proposé. Si le fonctionnaire refuse successivement 3 postes, il peut être licencié après avis de la CAP. En l'absence d'emploi vacant, il est maintenu en surnombre au sein de sa collectivité pendant 1 an maximum. À l'issue de cette période, si aucun emploi n'a pu lui être proposé, le fonctionnaire est pris en charge par le CNFPT ou le CDG selon sa catégorie hiérarchique jusqu'à ce qu'il retrouve un emploi dans sa collectivité d'origine ou dans une autre collectivité. Le fonctionnaire qui refuse successivement 3 postes peut être licencié après avis de la CAP.

Dans les autres cas de disponibilité de moins de 3 ans, l'administration propose au fonctionnaire l'un des 3 premiers emplois vacants correspondant à son grade. S'il refuse successivement 3 postes, il peut être licencié après avis de la commission administrative paritaire.

Dans les autres cas de disponibilité de plus de 3 ans, aucun texte ne précise les conditions de réintégration du fonctionnaire.

E| Le congé parental ou le congé de présence parental

■ Il permet à un fonctionnaire placé hors de son administration ou service d'origine d'élever un enfant suite à sa naissance ou à son adoption. Il est accordé de droit après la naissance ou l'adoption d'un enfant jusqu'à son 3e anniversaire ou jusqu'au 3e anniversaire de l'arrivée au foyer en cas d'adoption. La rémunération et les droits à la retraite sont suspendus.

■ Le congé de présence parental permet au fonctionnaire de prendre un congé en raison d'un enfant malade, victime d'un accident ou d'un handicap grave.

■ Le congé peut être pris en une ou plusieurs fois. Chaque jour n'est pas fractionnable. La rémunération et les droits à la retraite sont suspendus, le droit à l'avancement et à la promotion est maintenu depuis la loi du 6 août 2019 (dans la limite de cinq ans au cours de la carrière).

Partie 2

ENTRAÎNEMENT

L'organisation administrative

QCM 1 L'organisation administrative

Choisissez la (ou les) réponse(s) exacte(s).

1. Est une personne morale :
- ▢ **A** le préfet de la région Auvergne-Rhône-Alpes
- ▢ **B** le rectorat de Paris
- ▢ **C** la commune de Saint-Malo

2. L'État se définit comme :
- ▢ **A** une institution politique
- ▢ **B** une personne morale
- ▢ **C** une personne publique

3. L'État français peut être qualifié de :
- ▢ **A** déconcentré
- ▢ **B** décentralisé
- ▢ **C** fédéral

4. L'administration de l'État assure au niveau national un rôle de :
- ▢ **A** conception
- ▢ **B** pilotage
- ▢ **C** contrôle

5. Le pouvoir hiérarchique encadre :
- ▢ **A** la décentralisation
- ▢ **B** la déconcentration

6. Le pouvoir hiérarchique :
- ▢ **A** doit être fixé par la loi
- ▢ **B** est prévu par décret
- ▢ **C** se présume

7. Les trois principales circonscriptions administratives de droit commun sont :
- ▢ **A** la commune, le département, la région
- ▢ **B** la commune, le canton, le département
- ▢ **C** le département, l'académie, la région

8. La réforme de l'administration territoriale (RéATE) affirme que l'échelon de droit de commun de mise en œuvre des politiques publiques est :
- ▢ **A** la commune
- ▢ **B** le département
- ▢ **C** la région

9. La déconcentration est :
- ▢ **A** une redistribution des pouvoirs au sein de l'État
- ▢ **B** un transfert d'attributions de l'État vers des institutions, personnes morales distinctes

10. La décentralisation est une démarche :
- ▢ **A** administrative dans un souci de rationalisation de la prise de décision
- ▢ **B** politique qui emporte des conséquences en matière de démocratie locale

11. Le nombre de communes en France en 2020 est de :
- ▢ **A** moins de 36 000
- ▢ **B** plus de 63 000

12. La France compte :
- ▢ **A** 27 régions
- ▢ **B** 22 régions
- ▢ **C** 18 régions

13. Il existe :
- ▢ **A** 83 départements
- ▢ **B** 101 départements
- ▢ **C** 123 départements

14. Le Sénat assure la représentation des collectivités territoriales.
- ▢ **A** Vrai
- ▢ **B** Faux

15. Les établissements publics de coopération intercommunale (EPCI) sont-ils des collectivités territoriales ?
- ▢ **A** Oui
- ▢ **B** Non

16. Le principe de libre administration des collectivités territoriales :
- ▢ **A** suppose que la tutelle de l'État soit supprimée
- ▢ **B** appelle un contrôle de l'État sur les actes et les activités des collectivités

17. Ce même principe de libre administration s'oppose à :
- ▢ **A** la désignation d'une collectivité comme chef de file
- ▢ **B** la tutelle d'une collectivité sur une autre

18. Le déféré préfectoral est un contrôle :
- ▢ **A** *a posteriori*, d'opportunité et de légalité
- ▢ **B** *a priori* et d'opportunité
- ▢ **C** *a posteriori*, de légalité et juridictionnel

19. Le préfet peut, dans les deux mois qui suivent la transmission d'un acte d'une collectivité territoriale :
- ▢ **A** saisir le tribunal administratif
- ▢ **B** former un recours gracieux

L'organisation juridictionnelle

QCM 2

Choisissez la (ou les) réponse(s) exacte(s).

1. La dualité des ordres juridictionnels est :
- ☐ **A** un principe constitutionnel
- ☐ **B** un élément de la tradition constitutionnelle française

2. La dualité des ordres juridictionnels date :
- ☐ **A** de la création du Conseil du Roi sous l'Ancien Régime
- ☐ **B** de la Révolution française et des lois des 16-24 août 1790
- ☐ **C** de l'affirmation par le Conseil d'État de sa propre compétence
- ☐ **D** de la création du Tribunal des conflits

3. Les magistrats peuvent exercer à la fois en matière :
- ☐ **A** administrative et civile
- ☐ **B** administrative et pénale
- ☐ **C** civile et pénale

4. Le Tribunal des conflits :
- ☐ **A** est présidé par le garde des Sceaux
- ☐ **B** siège de façon permanente
- ☐ **C** est chargé de résoudre les conflits d'attribution entre les juridictions administrative et judiciaire

5. Le Conseil d'État a pour fonction de :
- ☐ **A** conseiller les collectivités territoriales
- ☐ **B** défendre les intérêts des agents des collectivités territoriales
- ☐ **C** traiter tout litige relatif à l'organisation judiciaire

6. Le Conseil d'État est un juge :
- ☐ **A** d'appel en matière d'élection municipales
- ☐ **B** de cassation de droit commun
- ☐ **C** de premier et dernier ressort des actes réglementaires des collectivités territoriales

7. Le juge administratif traite de tout litige :
- ☐ **A** relatif à l'état civil
- ☐ **B** quant à la gestion d'une activité privée par l'administration
- ☐ **C** en matière de déroulement de carrière des agents territoriaux

8. Le juge judiciaire est :
- ☐ **A** le gardien des libertés individuelles
- ☐ **B** compétent en matière de référé-liberté

9. Les tribunaux administratifs ont été créés :
- ▢ **A** par la loi du 31 décembre 1987
- ▢ **B** par le décret du 30 septembre 1953
- ▢ **C** par la loi du 6 janvier 1986

10. Les cours administratives d'appel :
- ▢ **A** sont juges d'appel pour le contentieux des élections locales
- ▢ **B** peuvent être saisies pour avis par les préfets de région
- ▢ **C** sont juges d'appel des recours en appréciation de la légalité

11. Le juge administratif :
- ▢ **A** a un pouvoir d'injonction
- ▢ **B** a un pouvoir d'astreinte
- ▢ **C** ne dispose d'aucun de ces pouvoirs

12. Les conseils de prud'homme :
- ▢ **A** interviennent en cas de litige entre un fonctionnaire territorial et sa collectivité
- ▢ **B** sont compétents en cas de mise en jeu d'intérêts collectifs
- ▢ **C** ont comme unique compétence les litiges individuels entre un salarié et son employeur

13. La procédure administrative contentieuse est :
- ▢ **A** contradictoire
- ▢ **B** accusatoire
- ▢ **C** inquisitoire

14. La Cour des comptes :
- ▢ **A** informe les citoyens
- ▢ **B** s'assure du bon usage des crédits par les services de l'État
- ▢ **C** peut mettre en jeu la responsabilité personnelle des comptables publics

15. Les juridictions financières qui contrôlent les collectivités territoriales sont :
- ▢ **A** les chambres régionales des comptes
- ▢ **B** les chambres territoriales des comptes

Les collectivités territoriales

QCM 3

Choisissez la (ou les) réponse(s) exacte(s).

1. Paris est :
- ▢ **A** une commune
- ▢ **B** un département
- ▢ **C** une collectivité territoriale à statut particulier

2. Les régions sont des collectivités territoriales depuis :
- ▢ **A** 1960
- ▢ **B** 1972
- ▢ **C** 1982

3. Les plus anciennes collectivités territoriales sont :
- ▢ **A** les communes
- ▢ **B** les départements
- ▢ **C** les régions

4. La Corse est :
- ▢ **A** une région
- ▢ **B** un département
- ▢ **C** une collectivité territoriale à statut *sui generis*

5. La seule collectivité territoriale qui dispose d'un pouvoir législatif est :
- ▢ **A** la Guyane
- ▢ **B** la Polynésie française
- ▢ **C** la Nouvelle Calédonie

6. La métropole de Lyon est :
- ▢ **A** une collectivité territoriale à statut particulier
- ▢ **B** un établissement public

7. Le plan local d'urbanisme et le schéma de cohérence territoriale sont de la compétence :
- ▢ **A** de la commune
- ▢ **B** du département
- ▢ **C** de la région

8. L'action sanitaire et sociale relève :
- ▢ **A** de la commune
- ▢ **B** du département
- ▢ **C** de la région

9. Le développement économique est historiquement dévolu :

- ☐ **A** à la commune
- ☐ **B** au département
- ☐ **C** à la région

10. L'enseignement relève :

- ☐ **A** de la commune
- ☐ **B** du département
- ☐ **C** de la région

11. La clause générale de compétence concerne :

- ☐ **A** les communes
- ☐ **B** les départements
- ☐ **C** les régions
- ☐ **D** les établissements publics de coopération intercommunale

12. Le principe de subsidiarité permet :

- ☐ **A** l'instauration d'un dispositif d'expérimentation
- ☐ **B** la clarification des compétences entre l'État et les collectivités
- ☐ **C** la clarification des compétences entre les collectivités

13. Les collectivités territoriales disposent d'un pouvoir réglementaire :

- ☐ **A** consacré constitutionnellement
- ☐ **B** subordonné au pouvoir réglementaire général
- ☐ **C** limité à l'exercice de leurs compétences

14. Les collectivités territoriales ne disposent pas :

- ☐ **A** de la liberté de reconnaître des droits spécifiques aux minorités
- ☐ **B** de la liberté contractuelle

15. La désignation d'une collectivité chef de file :

- ☐ **A** peut être effectuée par une loi
- ☐ **B** peut être effectuée par contrat
- ☐ **C** peut être décidée par une ou plusieurs collectivités

Les élections locales

QCM 4

Choisissez la (ou les) réponse(s) exacte(s).

1. Sont des élections locales :
- ▢ **A** les élections municipales
- ▢ **B** les élections cantonales
- ▢ **C** les élections communautaires
- ▢ **D** les élections régionales
- ▢ **E** les élections départementales

2. Les élections municipales :
- ▢ **A** ont lieu tous les 5 ans
- ▢ **B** se déroulent au suffrage universel direct
- ▢ **C** ont pour circonscription électorale la commune

3. Le terme « municipalité » désigne juridiquement :
- ▢ **A** le maire et ses adjoints
- ▢ **B** le conseil municipal
- ▢ **C** aucun de ces deux organes de la commune

4. Le mode de scrutin des élections municipales :
- ▢ **A** est un scrutin majoritaire de liste
- ▢ **B** est un scrutin proportionnel
- ▢ **C** varie en fonction du nombre d'habitants de la commune

5. Le scrutin binominal à deux tours permet l'élection :
- ▢ **A** des conseillers généraux
- ▢ **B** des conseillers départementaux
- ▢ **C** des conseillers régionaux

6. En France, près de 50 % des sénateurs et des députés sont à la tête d'un conseil exécutif local.
- ▢ **A** Vrai
- ▢ **B** Faux

7. Depuis le 31 mars 2017, les élus locaux :
- ▢ **A** peuvent cumuler leurs fonctions avec un mandat parlementaire national
- ▢ **B** peuvent cumuler leurs fonctions avec un mandat parlementaire européen
- ▢ **C** ne peuvent cumuler leurs fonctions avec aucun mandat parlementaire national ou européen

8. **La charte de l'élu local visée à article L1111-1-1 du code général des collectivités territoriales a :**
- ▢ **A** une valeur contraignante
- ▢ **B** une valeur symbolique

9. **Le maire est désigné :**
- ▢ **A** par le préfet de département qui est son supérieur hiérarchique
- ▢ **B** par le conseil municipal au scrutin majoritaire à trois tours
- ▢ **C** par les citoyens de la commune

10. **Le maire agit par délégation du conseil municipal et :**
- ▢ **A** une délégation est définitive pour toute la durée du mandat
- ▢ **B** le maire doit rendre compte de son activité au conseil
- ▢ **C** le maire peut subdéléguer à un adjoint ou un conseiller municipal

11. **Chef de l'administration communale, le maire peut réorganiser les services et dispose d'un pouvoir hiérarchique sur les agents communaux.**
- ▢ **A** Vrai
- ▢ **B** Faux

12. **Les conseils municipaux sont composés de :**
- ▢ **A** 9 à 69 élus
- ▢ **B** 5 à 16 élus
- ▢ **C** 15 à 25 élus

13. **Les conseillers territoriaux :**
- ▢ **A** ont été élus en 2014
- ▢ **B** n'ont jamais été élus

14. **Tous les six ans, les conseillers régionaux sont élus au scrutin de liste à deux tours avec représentation proportionnelle et avantage à la liste qui obtient la majorité absolue au premier tour ou arrive en tête au second.**
- ▢ **A** Vrai
- ▢ **B** Faux

15. **Un plan de mandat est :**
- ▢ **A** un document d'organisation administrative
- ▢ **B** la traduction du projet électoral
- ▢ **C** un outil de planification financière

16. **Un projet de loi constitutionnelle enregistrée à la présidence de l'Assemblée nationale le 29 août 2019 pour un renouveau de la vie démocratique vise à élargir le référendum d'initiative partagé aux pouvoirs publics territoriaux.**
- ▢ **A** Vrai
- ▢ **B** Faux

5

QCM

L'intercommunalité

QCM 5

Choisissez la (ou les) réponse(s) exacte(s).

1. Les premiers regroupements de communes apparaissent :
- ▢ **A** dès 1790
- ▢ **B** au XIXe siècle
- ▢ **C** dans les années cinquante

2. Les fusions de communes ont été fortement incitées par :
- ▢ **A** la loi du 16 juillet 1971
- ▢ **B** la loi du 16 décembre 2010

3. La loi du 12 juillet 1999 avait pour objectif :
- ▢ **A** la pérennisation des communautés de ville et des districts
- ▢ **B** la réduction du nombre de communes rurales
- ▢ **C** une restructuration urbaine par un renforcement de l'intercommunalité

4. Paris-Métropole est :
- ▢ **A** une collectivité territoriale unique
- ▢ **B** un syndicat mixte d'étude et d'échange créé en juin 2009
- ▢ **C** l'ancien titre de la métropole du Grand Paris

5. Le schéma départemental de coopération intercommunal est établi et arrêté par :
- ▢ **A** le préfet de département
- ▢ **B** les conseils municipaux des communes concernées

6. Les commissions départementales de coopération communale :
- ▢ **A** disposent d'un pouvoir décisionnel
- ▢ **B** ont une mission de suivie
- ▢ **C** sont des organes consultatifs

7. Au 1er janvier 2020, les établissements publics de coopération intercommunale à fiscalité propre sont au nombre de :

▢ **A** 1 254 ▢ **B** 2 254 ▢ **C** 3 254

8. Les EPCI disposent de compétences :

▢ **A** d'attribution ▢ **B** tacites

9. Une commune peut-elle prendre une décision sur une question s'inscrivant dans les compétences transférées à un EPCI ?
- ▢ **A** Oui
- ▢ **B** Non

10. La répartition des compétences entre les communes et les communautés est homogène sur le territoire.

▢ **A** Vrai ▢ **B** Faux

11. On dénombre au 1er janvier 2020 :

- ▢ **A** 997 communautés de communes
- ▢ **B** 1 809 communautés de communes
- ▢ **C** 1 509 communautés de communes

12. Les communautés d'agglomération ont pour compétences obligatoires :

- ▢ **A** la voirie, les équipements culturels et sportifs, l'assainissement, l'eau et le cadre de vie, l'action sociale, les maisons de services publics
- ▢ **B** le développement économique, l'aménagement de l'espace, la politique de la ville et l'équilibre social de l'habitat, l'accueil des gens du voyage, la collecte et le traitement des déchets ménagers

13. Les syndicats de commune :

- ▢ **A** sont des personnes morales de droit public
- ▢ **B** regroupent les syndicats à vocation unique (SIVU) et les syndicats à vocation multiple (SIVOM)
- ▢ **C** ont une fiscalité propre

14. La conférence métropolitaine est :

- ▢ **A** une instance de consultation sur les principales orientations de la métropole
- ▢ **B** une instance de coordination entre la métropole et les communes membres

15. Les pôles métropolitains ont été créés par :

- ▢ **A** la loi du 27 janvier 2014
- ▢ **B** la loi du 16 décembre 2010

16. Créés par la loi du 27 janvier 2014 (MAPAM), les pôles d'équilibre territorial et rural (PETR) sont :

- ▢ **A** des EPCI à fiscalité propre
- ▢ **B** des établissements publics régis par les dispositions des syndicats mixtes fermés

17. Les syndicats d'agglomération nouvelle ont été supprimés par :

- ▢ **A** la loi du 7 août 2015
- ▢ **B** la loi du 16 décembre 2010

18. Sont des EPCI sans fiscalité propre :

- ▢ **A** les syndicats de commune
- ▢ **B** les syndicats mixtes ouverts
- ▢ **C** les communautés de commune

19. La mutualisation est :

- ▢ **A** définie strictement par le législateur
- ▢ **B** une appellation générique

20. Le guichet unique en matière d'octroi de subventions et d'aides s'inscrit :

- ▢ **A** dans le cadre des processus de délégation de compétences entre État, collectivités et EPCI à fiscalité propre
- ▢ **B** dans un souci de simplification des démarches pour les usagers
- ▢ **C** dans une volonté de diminution des coûts

La démocratie locale

QCM 6

Choisissez la (ou les) réponse(s) exacte(s).

1. Les consultations locales sont prévues par :
- ▢ **A** la loi du 13 août 2004
- ▢ **B** la loi du 6 février 1992
- ▢ **C** la loi du 28 mars 2003

2. Les consultations locales existaient avant les évolutions législatives de 1992 mais étaient organisées sans fondement légal.
- ▢ **A** Vrai
- ▢ **B** Faux

3. L'initiative de la consultation peut venir :
- ▢ **A** des organes délibérants de la collectivité
- ▢ **B** des électeurs
- ▢ **C** du préfet

4. La consultation :
- ▢ **A** a une portée décisionnelle
- ▢ **B** est une demande d'avis

5. Le droit de pétition est consacré par la Constitution.
- ▢ **A** Vrai
- ▢ **B** Faux

6. Depuis la loi du 27 février 2002, les conseils de quartier sont :
- ▢ **A** obligatoires pour les communes de plus de 80 000 habitants
- ▢ **B** facultatifs pour les communes de 20 à 79 999 habitants
- ▢ **C** interdits pour les communes de moins de 20 000 habitants

7. Les conseils de quartier se définissent comme :
- ▢ **A** une instance représentative des habitants du quartier
- ▢ **B** un service de la mairie
- ▢ **C** une structure qui fait le lien entre les habitants et la commune

8. La mise en place de conseils citoyens est obligatoire dans tous les quartiers prioritaires de la ville.
- ▢ **A** Vrai
- ▢ **B** Faux

9. Sont obligatoires :

- ▢ **A** les commissions consultatives les services publics locaux dans toutes les communes quel que soit le nombre d'habitants
- ▢ **B** les commissions communales pour l'accessibilité des personnes handicapées dans toute commune de plus de 5 000 habitants

10. Le référendum local est un mode de participation décisionnel.

- ▢ **A** Vrai
- ▢ **B** Faux

11. Peuvent être soumis à un référendum local :

- ▢ **A** les projets de délibération des conseils municipaux
- ▢ **B** les projets d'acte individuel relevant des attributions du maire

12. Le projet est adopté s'il a été approuvé à plus de la moitié des suffrages exprimés et si la participation dépasse :

- ▢ **A** 30 %
- ▢ **B** 40 %
- ▢ **C** 50 %

13. Le préfet peut organiser un référendum local.

- ▢ **A** Vrai
- ▢ **B** Faux

14. Il est impossible d'effectuer deux consultations par référendum local portant sur un même objet.

- ▢ **A** Vrai
- ▢ **B** Faux

15. Un référendum local ne peut pas être organisé :

- ▢ **A** dans les dix mois précédant le renouvellement du conseil municipal
- ▢ **B** pendant les campagnes électorales, ou les jours de scrutins des élections municipales, parlementaires, présidentielles ou au parlement européen
- ▢ **C** pendant un référendum organisé par le président de la République

Les actes (1) – Les actes administratifs unilatéraux

QCM 7

Choisissez la (ou les) réponse(s) exacte(s).

1. Le principe de légalité s'impose à l'administration, ce qui signifie qu'elle doit prendre des actes :
- ▢ **A** en conformité avec les lois
- ▢ **B** en conformité avec toutes les normes qui ont une valeur juridique supérieure

2. Les actes administratifs ont tous une valeur juridique.
- ▢ **A** Vrai
- ▢ **B** Faux

3. L'acte administratif doit être édicté par l'autorité compétente sauf :
- ▢ **A** lorsqu'il y a une substitution d'autorité (en cas d'incapacité ou de refus de l'autorité compétente)
- ▢ **B** lorsqu'il y a une délégation

4. Le silence de l'administration :
- ▢ **A** n'a pas de signification juridique
- ▢ **B** constitue, au terme d'un certain délai, une décision administrative implicite

5. Un acte administratif individuel :
- ▢ **A** s'adresse à une personne désignée nominativement
- ▢ **B** s'adresse à un ou des personnes désignées nominativement
- ▢ **C** a une portée générale

6. Les chefs de service disposent du pouvoir réglementaire pour organiser leurs services.
- ▢ **A** Vrai
- ▢ **B** Faux

7. Le retrait d'un acte a des effets :
- ▢ **A** rétroactifs
- ▢ **B** pour l'avenir

8. La motivation, claire, précise et écrite, est obligatoire pour les actes administratifs individuels défavorables.
- ▢ **A** Vrai
- ▢ **B** Faux

9. Les actes pris par les autorités communales sont exécutoires dès :

- ▢ **A** qu'ils ont été publiés ou notifiés
- ▢ **B** qu'ils ont été transmis au représentant de l'État

10. Les arrêtés municipaux concernent :

- ▢ **A** tous les habitants de la commune
- ▢ **B** toutes les personnes résidant sur la commune, même si elles sont de passage

11. Les décrets sont des actes administratifs unilatéraux, réglementaires ou individuels, pris par :

- ▢ **A** le maire
- ▢ **B** le président de la République
- ▢ **C** le Premier ministre

12. L'arrêté :

- ▢ **A** a une valeur juridique supérieure à celle du décret
- ▢ **B** peut avoir plusieurs auteurs, cosignataires de l'acte

13. Les délibérations sont :

- ▢ **A** des décisions administratives
- ▢ **B** des actes administratifs qui n'ont aucun effet de droit

14. Le conseil municipal peut prendre :

- ▢ **A** des délibérations
- ▢ **B** des arrêtés
- ▢ **C** des avis
- ▢ **D** des vœux

15. Le préfet peut adresser une lettre d'observation à la commune dans laquelle il expose ce qui le conduit à considérer que la décision prise est illégale ; il s'agit :

- ▢ **A** d'un recours gracieux
- ▢ **B** d'un recours hiérarchique
- ▢ **C** d'un contrôle opportunité

16. Les délibérations du conseil départemental sont :

- ▢ **A** prises par le président du conseil
- ▢ **B** préparés et exécutés par le président du conseil

Les actes (2) – Les contrats administratifs

QCM 8

Choisissez la (ou les) réponse(s) exacte(s).

1. Un contrat est qualifié d'administratif soit par détermination de la loi, soit en fonction :
- ▢ **A** d'un simple critère organique (une personne publique partie)
- ▢ **B** d'un simple critère matériel (le contenu du contrat)
- ▢ **C** du cumul des critères organique et matériel

2. Un contrat entre personnes publiques est :
- ▢ **A** toujours un contrat administratif
- ▢ **B** en principe un contrat administratif

3. Une clause exorbitante du droit commun est :
- ▢ **A** une disposition qui déroge aux règles du droit privé dans l'intérêt général
- ▢ **B** une disposition qui comporte des droits et des sujétions illégaux

4. L'administration dispose d'un pouvoir de modification unilatérale du contrat qui :
- ▢ **A** ne rencontre aucun limite compte tenu des exigences d'intérêt général
- ▢ **B** reste toutefois limité

5. Lorsque l'intérêt général le demande, le contrat peut être résilié unilatéralement :
- ▢ **A** seulement si le cocontractant a commis une faute
- ▢ **B** sans faute du cocontractant

6. L'indemnisation intégrale du cocontractant, qui subit un préjudice au cours de l'exécution d'un contrat de travaux public en raison de la survenance de difficultés matérielles anormales, imprévisibles et extérieures aux parties, résulte de la théorie :
- ▢ **A** du fait du prince
- ▢ **B** des sujétions imprévues
- ▢ **C** de l'imprévision

7. Pour qu'un contrat soit un marché public, il faut qu'une personne publique soit à l'origine du contrat, que ce dernier porte sur des travaux, des fournitures ou des services et :
- ▢ **A** que le cocontractant puisse tirer sa rémunération des résultats d'exploitation
- ▢ **B** qu'il soit exécuté à titre onéreux

8. Les marchés publics passés par les collectivités territoriales et d'un montant inférieur à 25 000 euros :

- ▢ **A** ne sont pas soumis à l'exigence d'une publicité
- ▢ **B** doivent faire l'objet d'une publicité nationale

9. Il existe des infractions pénales spécifiques à la procédure de passation de marchés publics.

- ▢ **A** Vrai
- ▢ **B** Faux

10. Est considéré comme un marché « in house », un contrat passé entre :

- ▢ **A** une commune et un établissement public intercommunal (EPCI) dont elle est membre
- ▢ **B** une commune et une société d'économie mixte (SEM) dont elle est membre

11. Les marchés peuvent être passés en procédure adaptée (MAP) :

- ▢ **A** uniquement si leur montant est inférieur à 25 000 euros
- ▢ **B** en raison de leur objet particulier et ce quel que soit le montant

12. Un contrat dans lequel une collectivité confie la gestion d'un service public à une autre personne morale qui n'est pas chargée d'établir l'ouvrage, pré-existant, mais qui l'exploite et l'entretien à ses risques et périls, est :

- ▢ **A** un affermage
- ▢ **B** une concession

13. Les contrats de partenariat public privé confient une mission :

- ▢ **A** de financement des investissements et des équipements
- ▢ **B** d'entretien et d'exploitation
- ▢ **C** de gestion

14. Le recours à un contrat de partenariat public-privé suppose que soient réunis les critères suivants :

- ▢ **A** complexité, urgence, efficience
- ▢ **B** souplesse, rapidité, coût
- ▢ **C** rigueur, technicité, efficacité

15. L'efficience est…

- ▢ **A** un synonyme d'efficacité
- ▢ **B** la capacité de parvenir à un maximum de résultats avec une optimisation des ressources
- ▢ **C** la capacité à se concentrer sur l'objectif

L'activité administrative (1) – Le service public

QCM 9

Choisissez la (ou les) réponse(s) exacte(s).

1. Le service public est :
- ☐ **A** une activité
- ☐ **B** une personne publique

2. Le service public concerne :
- ☐ **A** uniquement les activités régaliennes
- ☐ **B** des activités de régulation et des activités de protection sociale
- ☐ **C** des activités éducatives et culturelles et des activités économiques

3. Le service public doit s'adapter aux évolutions de l'intérêt général et aux besoins des usagers en vertu du principe :
- ☐ **A** de continuité
- ☐ **B** de mutabilité

4. L'égalité est un principe qui régit le service public et concerne :
- ☐ **A** uniquement les agents
- ☐ **B** uniquement les usagers
- ☐ **C** les agents et les usagers

5. La mise en place de tarifs différenciés en fonction de catégories d'usagers est :
- ☐ **A** toujours entachée d'illégalité et sanctionnée par le juge
- ☐ **B** une faculté dans la mise en œuvre d'un service public

6. La neutralité est un corolaire du principe :
- ☐ **A** d'égalité
- ☐ **B** de mutabilité

7. La gratuité est un principe général de service public.
- ☐ **A** Vrai
- ☐ **B** Faux

8. La catégorie des services publics industriels et commerciaux (SPIC) a été dégagée par :
- ☐ **A** le juge
- ☐ **B** le législateur

9. Les SIEG sont :

- ▢ **A** des *services intercommunautaires économiques et de gestion* issus de la conception française de service public
- ▢ **B** des *services d'intérêt économique général* qui correspondent à une conception européenne du service public

10. La création d'un service public dans le domaine concurrentiel :

- ▢ **A** est impossible
- ▢ **B** est conditionnée par l'existence d'un intérêt public
- ▢ **C** suppose le respect de la liberté du commerce et de l'industrie et du droit de la concurrence

11. Le choix de déléguer un service public résulte :

- ▢ **A** d'une volonté de la collectivité délégataire
- ▢ **B** uniquement d'un manque de moyens financiers, techniques et humains, pour prendre en charge un service au sein de la collectivité

12. La gestion déléguée d'un service public peut être effectuée uniquement par la voie contractuelle, la délégation de service public, ou par la création d'un établissement public.

- ▢ **A** Vrai
- ▢ **B** Faux

13. Est un mode de délégation de service public :

- ▢ **A** la régie directe
- ▢ **B** la régie intéressée

14. Une régie autonome est dotée :

- ▢ **A** de la personnalité juridique
- ▢ **B** d'un budget annexe

15. Tout projet de délégation de service publique suppose la consultation préalable pour avis de la commission consultative des services publics.

- ▢ **A** Vrai
- ▢ **B** Faux

16. Dans une société d'économie mixte locale (SEML), les actionnaires privés sont :

- ▢ **A** minoritaires
- ▢ **B** majoritaires

17. Une société publique locale (SPL) est une société anonyme par action qui comporte :

- ▢ **A** au moins deux actionnaires publics
- ▢ **B** des actionnaires publics et privés

L'activité administrative (2) – La police administrative

QCM 10

Choisissez la (ou les) réponse(s) exacte(s).

1. L'activité de police se traduit :
- ▢ **A** notamment par des actes juridiques (décisions réglementaires ou individuelles)
- ▢ **B** exclusivement par des actes matériels (opérations sur le terrain)

2. L'activité de police est différente des autres activités administratives car elle vise au maintien de l'ordre public.
- ▢ **A** Vrai
- ▢ **B** Faux

3. La police administrative, qu'elle soit normative ou opérationnelle, a une mission de prévention et se distingue ainsi toujours clairement de la police judiciaire, dont la vocation est répressive.
- ▢ **A** Vrai
- ▢ **B** Faux

4. Une mesure de police administrative :
- ▢ **A** ne saurait être contraire aux dispositions de la Déclaration des droits de l'homme et du citoyen de 1789
- ▢ **B** peut limiter des activités qui ne sont pas interdites par le droit pénal

5. En droit administratif, l'ordre public est défini :
- ▢ **A** strictement et limitativement par le code des collectivités territoriales
- ▢ **B** par le juge

6. Peut-on dire qu'il existe un ordre moral ?
- ▢ **A** Oui
- ▢ **B** Non

7. La dignité humaine est :
- ▢ **A** consacrée par la Constitution de 1946
- ▢ **B** un principe à valeur constitutionnelle
- ▢ **C** une composante de l'ordre public

8. Une mesure de police doit être :
- ▢ **A** adaptée et absolue
- ▢ **B** nécessaire et limitée
- ▢ **C** générale et proportionnée

9. Si une mesure de police est indispensable pour faire cesser un péril grave dû à une situation particulièrement dangereuse pour l'ordre public :
- ▢ **A** l'autorité de police a l'obligation de prendre la mesure nécessaire
- ▢ **B** l'autorité de police doit solliciter le juge pour avis

10. Sur sa commune, le maire a un pouvoir de police générale :
- ▢ **A** qu'il s'agisse du domaine privé et public
- ▢ **B** sauf sur les plans d'eau et domaine maritime
- ▢ **C** sur les aérodromes et les aéroports

11. En qualité d'autorité de police administrative, le maire est placé sous le contrôle du conseil municipal.
- ▢ **A** Vrai
- ▢ **B** Faux

12. En matière de police spéciale, le maire peut déléguer ses pouvoirs :
- ▢ **A** au conseil municipal
- ▢ **B** au président d'un EPCI
- ▢ **C** à un adjoint

13. En matière de police, le maire peut déléguer à une personne privée :
- ▢ **A** le pouvoir de prendre des mesures normatives
- ▢ **B** la gestion de services qui fournissent les moyens permettant l'appui du pouvoir de police

14. Le maire est une autorité de police, au titre de laquelle, il exerce une activité normative, mais il a également sous son autorité le chef de la police municipale.
- ▢ **A** Vrai
- ▢ **B** Faux

15. Les agents de police municipale sont :
- ▢ **A** des agents territoriaux
- ▢ **B** des agents de l'État
- ▢ **C** des officiers

16. Un agent de police administrative doit, en cas de connaissance d'un délit, et dans le cadre de l'enquête préliminaire, informer :
- ▢ **A** son chef de service
- ▢ **B** l'officier de police judiciaire compétent

La responsabilité administrative

QCM 11

Choisissez la (ou les) réponse(s) exacte(s).

1. La responsabilité administrative peut être engagée :
- ▢ **A** seulement lorsqu'une faute est commise
- ▢ **B** même en l'absence de faute

2. La responsabilité de l'administration ne peut jamais être admise par le juge en matière de police.
- ▢ **A** Vrai
- ▢ **B** Faux

3. Dans le cadre de la responsabilité pour faute, cette dernière doit être une faute lourde en matière :
- ▢ **A** d'actes médicaux
- ▢ **B** d'activités d'urgence
- ▢ **C** de contrôle de légalité sur les collectivités territoriales

4. La faute :
- ▢ **A** ne peut résulter que d'un fait matériel
- ▢ **B** peut résulter d'une décision illégale

5. La faute doit toujours être établie par la victime.
- ▢ **A** Vrai
- ▢ **B** Faux

6. La responsabilité pour faute peut être engagée :
- ▢ **A** dès qu'il existe un dommage
- ▢ **B** seulement si le lien entre la faute et le dommage est avéré

7. L'utilisation des choses dangereuses et la poursuite d'activité dangereuse, ainsi que l'aléa thérapeutique sont des matières dans lesquelles la responsabilité peut être engagée sur le fondement :
- ▢ **A** de la faute simple
- ▢ **B** de la faute lourde
- ▢ **C** sans faute

8. À la suite de travaux publics effectués sur la commune, l'allongement d'un parcours pour accéder à une habitation relève de la responsabilité sans faute.
- ▢ **A** Vrai
- ▢ **B** Faux

9. La responsabilité d'une personne publique à laquelle a été confiée la garde d'un mineur délinquant peut être engagée même sans faute.
- ▢ **A** Vrai
- ▢ **B** Faux

10. Le préjudice indemnisable :
- ▢ **A** ne peut être que économique ou corporel
- ▢ **B** peut être moral

11. Le préjudice doit être appréciable en argent pour être indemnisé.
- ▢ **A** Vrai
- ▢ **B** Faux

12. La responsabilité de l'administration ne peut jamais être engagée s'il y a une faute de la victime.
- ▢ **A** Vrai
- ▢ **B** Faux

13. La force majeure :
- ▢ **A** est imprévisible et irrésistible
- ▢ **B** n'est pas extérieure à l'administration

14. Le cas fortuit est une cause exonératoire de la responsabilité l'administration qui est uniquement invocable dans le cadre :
- ▢ **A** de la responsabilité pour faute
- ▢ **B** de la responsabilité sans faute

15. La responsabilité de l'administration peut être retenue malgré la faute personnelle d'un de ses agents :
- ▢ **A** dans la seule hypothèse où cette faute n'est pas détachable du service
- ▢ **B** en toute hypothèse

16. En matière de prévention, la responsabilité de la commune peut être engagée pour faute sur le fondement de l'obligation :
- ▢ **A** permanente et généralisée de signaler les risques
- ▢ **B** de mise en garde contre les dangers particuliers

17. Lorsqu'une faute est commise par le préfet qui exerce son pouvoir de substitution, dans le cadre d'une carence du maire, elle emporte la responsabilité :
- ▢ **A** de l'État
- ▢ **B** de la commune

Les finances publiques locales

QCM 12

Choisissez la (ou les) réponse(s) exacte(s).

1. L'autonomie financière des collectivités territoriales est induite par :
- ▢ **A** le principe de libre administration
- ▢ **B** le principe de spécialité
- ▢ **C** le principe d'exclusivité

2. Les chambres régionales des comptes ont uniquement des attributions juridictionnelles.
- ▢ **A** Vrai
- ▢ **B** Faux

3. Quant à la détermination du poids de l'impôt, les collectivités territoriales ont :
- ▢ **A** une liberté totale conférée par le vote
- ▢ **B** une liberté encadrée par le législateur

4. Les impôts directs locaux sont recouvrés par :
- ▢ **A** les collectivités
- ▢ **B** les EPCI
- ▢ **C** l'État

5. La principale aide de l'État est :
- ▢ **A** la Dotation globale de fonctionnement (DGF)
- ▢ **B** la Dotation générale de décentralisation (DGD)
- ▢ **C** la Dotation générale territoriale (DGT)

6. Les péréquations :
- ▢ **A** n'existent qu'à l'échelon communal
- ▢ **B** ont pour objectif de réduire les écarts de ressources entre les collectivités
- ▢ **C** sont organisées uniquement par la loi

7. Les emprunts des collectivités :
- ▢ **A** financent le quart des dépenses d'équipement
- ▢ **B** sont soumis à un régime qui a été libéralisé en 2003
- ▢ **C** sont destinés, comme l'emprunt d'État, à financer un déficit budgétaire

8. La règle de non-affectation des recettes aux dépenses :
- ▢ **A** est une des composantes du principe d'universalité budgétaire
- ▢ **B** ne connaît aucune dérogation propre aux collectivités

9. Est un principe budgétaire spécifique aux finances locales :

- ▢ **A** l'annualité
- ▢ **B** la spécialité
- ▢ **C** la prudence

10. L'équilibre budgétaire d'une collectivité territoriale doit être *réel*, c'est-à-dire :

- ▢ **A** arithmétique et sincère
- ▢ **B** transparent et honnête
- ▢ **C** légal et prévisionnel

11. Le débat d'orientation budgétaire :

- ▢ **A** a la portée juridique d'une décision
- ▢ **B** n'a pas de valeur juridique

12. Au sein d'une commune, le vote du budget :

- ▢ **A** n'a pas un régime juridique distinct des autres délibérations
- ▢ **B** suppose la consultation préalable du Conseil économique et social

13. Le Conseil économique, social et environnemental régional (CESER) rend un avis préalable à l'adoption du budget régional ; cet avis est :

- ▢ **A** conforme
- ▢ **B** strictement consultatif

14. Le principe de séparation de l'ordonnateur et du comptable public s'applique aux finances publiques locales.

- ▢ **A** Vrai
- ▢ **B** Faux

15. Une dépense d'une collectivité doit avoir une utilité locale, ce qui implique :

- ▢ **A** la poursuite d'un but d'intérêt public et territorialement limité
- ▢ **B** la poursuite d'un but d'intérêt public sans limite territoriale particulière

16. La gestion de fait résulte :

- ▢ **A** de la violation de la règle de séparation entre ordonnateur et comptable
- ▢ **B** de la délégation de gestion à une association

La fonction publique territoriale

QCM 13

Choisissez la (ou les) réponse(s) exacte(s).

1. La fonction publique territoriale, à la différence de la fonction publique de l'État, n'est pas une fonction publique de carrière.
- ▢ **A** Vrai
- ▢ **B** Faux

2. Est organisée en corps :
- ▢ **A** la fonction publique de l'État
- ▢ **B** la fonction publique territoriale
- ▢ **C** la fonction publique hospitalière

3. Les différentes catégories qui existent dans la fonction publique territoriale sont :
- ▢ **A** A+, A, B et C
- ▢ **B** A, B, C et D
- ▢ **C** A, B et C

4. Les cadres d'emplois sont au nombre de :
- ▢ **A** 36
- ▢ **B** 47
- ▢ **C** 52

5. Les filières regroupent les cadres d'emplois :
- ▢ **A** de même catégorie
- ▢ **B** de même secteur d'activité

6. Il existe :
- ▢ **A** 8 filières
- ▢ **B** 4 filières
- ▢ **C** 11 filières

7. L'échelon définit la position d'un agent au sein :
- ▢ **A** d'un même grade
- ▢ **B** d'une même catégorie
- ▢ **C** d'un même cadre d'emplois

8. L'échelon détermine la rémunération principale de l'agent, en fonction de l'indice majoré correspondant.
- ▢ **A** Vrai
- ▢ **B** Faux

9. La gestion des agents territoriaux est uniquement effectuée au sein de la collectivité de rattachement.

▢ **A** Vrai
▢ **B** Faux

10. Est (sont) obligatoirement créé(es) dans les collectivités de plus de 50 agents :

▢ **A** le comité technique
▢ **B** le comité d'hygiène et de sécurité
▢ **C** les commissions techniques paritaires

11. Quelle affirmation est inexacte ?

▢ **A** le grade est la propriété du fonctionnaire, l'emploi appartient à la collectivité
▢ **B** le fonctionnaire est nommé à un grade et est affecté à un emploi
▢ **C** un fonctionnaire ne peut pas changer de grade sans changer d'emploi

12. Le Conseil de discipline se réunit pour connaître toutes les formes de sanctions.

▢ **A** Vrai
▢ **B** Faux

13. Le Conseil commun de la fonction publique :

▢ **A** n'intervient pas sur les questions concernant la fonction publique territoriale
▢ **B** intéresse les trois fonctions publiques et est présidé par le ministre en charge de la fonction publique

14. Le Conseil national de la fonction publique territoriale (CNFPT) est en charge de la formation et de la professionnalisation des personnels de la fonction publique territoriale.

▢ **A** Vrai
▢ **B** Faux

15. Le Conseil supérieur de la fonction publique territoriale est un organisme paritaire :

▢ **A** consultatif
▢ **B** qui intervient directement dans la carrière des agents
▢ **C** chargé de missions d'étude

La carrière dans la fonction publique territoriale

QCM 14

Choisissez la (ou les) réponse(s) exacte(s).

1. La réussite d'un concours de la fonction publique territoriale implique un recrutement.
- ▢ **A** Vrai
- ▢ **B** Faux

2. À la fin du stage, l'agent :
- ▢ **A** a un droit à titularisation
- ▢ **B** est en principe titularisé

3. La titularisation est une décision :
- ▢ **A** expresse
- ▢ **B** implicite

4. L'avancement au grade :
- ▢ **A** suppose un changement d'emploi
- ▢ **B** peut se faire dans l'emploi

5. La notation :
- ▢ **A** est la modalité d'évaluation de l'agent
- ▢ **B** a été remplacée par l'entretien professionnel annuel

6. La mobilité professionnelle :
- ▢ **A** suppose le changement de collectivité
- ▢ **B** peut s'effectuer sans changement de collectivité

7. La mutation est un changement d'emploi et de collectivité auquel la collectivité d'origine peut toujours s'opposer.
- ▢ **A** Vrai
- ▢ **B** Faux

8. La mutation peut conduire à un versement d'indemnités :
- ▢ **A** à la collectivité d'accueil
- ▢ **B** à la collectivité d'origine
- ▢ **C** à l'agent

9. L'agent qui exerce ses fonctions hors de son service mais qui est toujours dans son cadre d'emplois d'origine, et qui continue à percevoir la rémunération correspondante, est placé en :
- ▢ **A** détachement
- ▢ **B** mise à disposition

10. Pendant le détachement, l'agent conserve ses droits à l'avancement et à la retraite.

- ▢ **A** Vrai
- ▢ **B** Faux

11. Un fonctionnaire en disponibilité :

- ▢ **A** n'est pas rémunéré
- ▢ **B** accumule toujours ses droits à la retraite et à l'avancement

12. La démission d'un agent :

- ▢ **A** suppose l'accord de la collectivité
- ▢ **B** reste révocable même après qu'elle ait été notifiée à l'agent

13. Le licenciement n'existe pas dans la fonction publique.

- ▢ **A** Vrai
- ▢ **B** Faux

14. Un fonctionnaire territorial peut perdre ses droits civiques sans être radié des cadres.

- ▢ **A** Vrai
- ▢ **B** Faux

15. La révocation est :

- ▢ **A** une sanction disciplinaire
- ▢ **B** une modalité de démission

Les droits et les obligations des fonctionnaires territoriaux

QCM 15

Choisissez la (ou les) réponse(s) exacte(s).

1. Le fonctionnaire a un droit acquis au maintien de son traitement.
- ▢ **A** Vrai
- ▢ **B** Faux

2. La liberté syndicale est accordée au fonctionnaire depuis :
- ▢ **A** 1946
- ▢ **B** 1983

3. Le droit de grève :
- ▢ **A** concerne tous les fonctionnaires sans exception
- ▢ **B** connaît certaines restrictions

4. La formation est un droit et une obligation pour les fonctionnaires.
- ▢ **A** Vrai
- ▢ **B** Faux

5. Le droit individuel à la formation a été consacré par :
- ▢ **A** le statut de 1984
- ▢ **B** la loi de 2007
- ▢ **C** la loi de 1992

6. La liberté d'opinion des fonctionnaires :
- ▢ **A** recouvre la liberté de conscience mais exclut la liberté d'expression
- ▢ **B** garantit la non-discrimination des fonctionnaires

7. La jurisprudence accorde une plus grande liberté d'expression aux fonctionnaires ayant un mandat politique ou syndical.
- ▢ **A** Vrai
- ▢ **B** Faux

8. La corruption passive est un manquement à :
- ▢ **A** l'obligation de service
- ▢ **B** l'obligation de désintéressement

9. L'obligation d'obéissance hiérarchique :
- ▢ **A** se traduit par un respect des instructions données
- ▢ **B** est limitée par le droit de retrait
- ▢ **C** ne saurait être transgressée en raison d'une apparente illégalité

10. Un fonctionnaire peut exercer une activité complémentaire de production d'œuvre de l'esprit (littérature, musique, arts graphiques) :
- ☐ **A** seulement si cette activité n'est pas lucrative
- ☐ **B** dans la mesure où elle est exercée à titre accessoire
- ☐ **C** sous réserve notamment de l'obligation de discrétion professionnelle

11. Un agent qui a connaissance dans l'exercice de ses fonctions d'un crime ou d'un délit et qui en informe le procureur de la République est susceptible d'être sanctionné pour manquement ses obligations.
- ☐ **A** Vrai
- ☐ **B** Faux

12. Le manquement à l'obligation de discrétion professionnelle est passible de :
- ☐ **A** sanctions disciplinaires
- ☐ **B** sanctions pénales

13. L'obligation de réserve est :
- ☐ **A** consacrée par la loi de 1983
- ☐ **B** dégagée par la jurisprudence

14. L'obligation de réserve concerne :
- ☐ **A** seulement les opinions
- ☐ **B** également les comportements

15. Toute décision prise par une collectivité territoriale doit être signée et faire mention des nom, prénom et qualité de son auteur, en vertu de l'obligation :
- ☐ **A** de transparence administrative
- ☐ **B** de service
- ☐ **C** d'obéissance hiérarchique

Partie 3

CORRIGÉS

Corrigés QCM 1

1. C – Définition : la personne morale est une entité, distincte des personnes physiques qui l'ont créée ou qui la composent, dotée d'une existence juridique ; elle détient des droits (ester en justice par exemple) et a des obligations (en matière de responsabilité notamment).
2. A B C – L'État est une institution politique et une personne morale de droit public.
3. A B – Rappel - Article 1er de la Constitution du 4 octobre 1958 : « La France est une République indivisible (...) Son organisation est décentralisée. »
4. A B C
5. B
6. C – Le pouvoir hiérarchique de droit commun existe sans texte en vertu d'un principe général de droit dégagé par le Conseil d'État en 1950 (CE sect. 30 juin 1950, *Quéralt*).
7. A – Le canton a la qualité de circonscription administrative générale mais qui n'accueille aucun service de l'État. L'académie est une circonscription administrative spéciale.
8. C
9. A – La décentralisation est un transfert d'attributions de l'État vers des institutions, personnes morales distinctes.
10. B
11. A – 34 968 communes au 1er janvier 2020. Le nombre des communes est passé sous la barre des 35 000 avec le regroupement de 2 500 communes en 774 communes nouvelles.
12. C – 12 régions en métropole, auxquelles doivent être ajoutées la Corse qui, si elle n'en a pas le nom, en a les compétences, et les 5 régions d'Outre mer.
13. B – À l'origine, la France comptait 83 départements. À ce jour, elle a 98 départements de métropole et 3 départements d'outre-mer.
14. A
15. B
16. B – Le texte de loi du 2 mars 1982 proclame que la tutelle est supprimée, il demeure que cette affirmation politique doit être nuancée d'un point de vue juridique. Il convient de rappeler que : d'une part, la tutelle ne se présume pas et ses contours doivent être précisés par un texte ; d'autre part, le contrôle de l'État sur les collectivités territoriales découle de l'article 72 de la Constitution de 1958. Ce contrôle a toutefois été modifié de façon déterminante en 1982.
17. B – Rappels :
– « aucune collectivité territoriale ne peut exercer une tutelle sur une autre » selon l'article 72 alinéa 5 de la Constitution de 1958 ;
– le chef de file ne détient pas le pouvoir de décision mais remplit simplement une fonction de coordination lorsque l'exercice d'une compétence nécessite la collaboration de plusieurs collectivités.
18. C
19. A B – Rappel : le recours gracieux est un recours administratif formé auprès de l'auteur de l'acte.

Corrigés QCM 2

1. B – Rappel : l'indépendance de la juridiction administrative est le fruit de la séparation des ordres juridictionnels et non de la séparation des pouvoirs.
2. A B C D – La dualité des ordres juridictionnels est le résultat d'un processus historique qui s'est effectué par sédimentation !
3. C – Les magistrats judiciaires (en matière civile et pénale) sont distincts des magistrats administratifs.
4. C – Le Tribunal des conflits n'est plus présidé par le garde des Sceaux depuis la loi du 16 février 2015 et il se réunit une fois par trimestre en séance publique.
5. B – Rappel : le Conseil d'État exerce une double mission : une mission de conseil du gouvernement et une mission juridictionnelle.
6. A
7. C – Les deux premières matières (A et B) sont du ressort du juge judiciaire.
8. A
9. B – La loi du 31 décembre 1987 est relative à la création des cours administratives d'appel (CAA) et la loi du 6 janvier 1986 traite du statut des conseillers des tribunaux administratifs.
10. B – Les CCA sont les juridictions d'appel de droit commun ; ce principe souffre cependant deux exceptions (A et C).
11. A B
12. C
13. A C
14. A B C
15. A B – Il existe 18 chambres régionales des comptes et 5 chambres territoriales des comptes qui exercent leur mission dans les collectivités d'Outre-mer.

Corrigés QCM 3

1. A B C
2. C – Par la loi du 5 juillet 1972, les régions, anciennement des circonscriptions administratives, étaient devenues des établissements publics.
3. A
4. C
5. C – Loi du 19 mars 1999.
6. A
7. A
8. B
9. C
10. A B C – Les écoles primaires dépendent des communes ; les collèges, des départements ; les lycées des régions.
11. A – La clause générale de compétence ne concerne plus que les communes depuis la loi du 7 août 2015 portant nouvelle organisation territoriale de la République (NOTRe). Elle n'a jamais concerné les établissements publics régis par le principe de spécialité.
12. B C
13. A B C
14. A
15. A

Corrigés QCM 4

1. A D E – Les élections communautaires (C) se déroulent en même temps que les élections municipales et permettent d'élire les conseillers communautaires siégeant à l'EPCI dont la commune est membre. Les élections départementales ont succédé aux élections cantonales (B).
2. B C – Les élections municipales ont lieu tous les 6 ans. La circonscription électorale est la commune sauf pour les villes de Paris, Lyon (arrondissements) et Marseille (secteur regroupant deux arrondissements).
3. C – Ce terme n'appartient qu'au langage courant et la « municipalité » n'a donc pas d'existence juridique.
4. C
5. B – Loi du 17 mai 2013 relative à l'élection des conseils départementaux.
6. A
7. C
8. B – Ce texte, issu de la loi du 31 mars 2015, encadre symboliquement les conditions d'exercice des fonctions des élus, « *avec impartialité, diligence, dignité, probité et intégrité* », souligne les limites des conflits d'intérêts et rappelle les exigences qui s'imposent à l'élu, « *responsable de ses actes pour la durée de son mandat devant l'ensemble des citoyens de la collectivité territoriale, à qui il rend compte des actes et décisions pris dans le cadre de ses fonctions* ».
9. B – Le maire et ses adjoints sont élus par le conseil municipal (depuis la loi du 28 mars 1882 sur l'organisation municipale, toujours en vigueur).
Attention, le préfet est le supérieur hiérarchique du maire dans ses attributions de représentant de l'État et non en tant que chef de l'exécutif municipal.
10. B C – Notons, d'une part, que la faculté de subdélégation date de la loi du 13 août 2004, d'autre part, que les délégations et subdélégations sont révocables à tout moment (A).
11. A
12. A – À l'exception de Paris, Lyon et Marseille, dont les conseils, en vertu de leur statut particulier, disposent respectivement de 163, 73 et 101 membres élus.
13. B – La loi n° 2010-1563 du 16 décembre 2010 prévoyait que les conseillers territoriaux devaient remplacer les conseillers régionaux et les conseillers généraux. Cependant, cette réforme n'a pas abouti compte tenu du changement de majorité en 2012.
14. A
15. B
16. A – Pour mémoire, le référendum d'initiative partagé est prévu à l'article II de la Constitution de 1958.

Corrigés QCM 5

1. A – On peut dater les prémices de l'intercommunalité, à l'instruction du 20 août 1790 qui incitait au regroupement de communes pour davantage de simplicité et d'économie.
Notons qu'au XIXe siècle (B), les lois du 5 avril 1884 et du 22 mars 1890 permettent les conférences intercommunales puis les syndicats de communes,

qui en forment un prolongement plus durable. Le décret du 20 mai 1955 (C) autorise la mise en place de syndicats mixtes.

2. A – La loi du 16 décembre 2010 (B) s'inscrit dans la même dynamique de lutte contre l'émiettement communal mais repose sur un autre processus : la création de communes nouvelles.

3. C – Les communautés de ville et les districts (A) sont amenés à disparaître, au profit de la communauté urbaine, de la communauté de communes et de la communauté d'agglomération qui est créée par le texte de 1999. Ces différentes structures intercommunales, géographiquement sans enclave et d'un seul tenant, sont des EPCI à fiscalité propre.

4. B – La métropole du Grand Paris (C) est la seule intercommunalité d'Île de France qui a le statut juridique de métropole ; il s'agit d'un EPCI à fiscalité propre. Pour mémoire, elle a été créée par la loi du 27 janvier 2014, dite MAPAM, et son régime modifié par la loi du 7 août 2015, dite NOTRe. Elle ne saurait être confondue avec le syndicat mixte Paris Métropole !

5. B

6. B C

7. A

8. A – Principe de spécialité.

9. B – Principe d'exclusivité.

10. B – Certaines compétences doivent obligatoirement être transmises par la commune aux EPCI. Toutefois, le législateur a prévu d'une part, une liste de compétences optionnelles parmi lesquelles la commune fait son choix, d'autre part, l'existence de compétences facultatives ou supplémentaires dont le transfert est à la libre décision des communes et des EPCI. Le partage des compétences repose donc dans ce cas uniquement sur la notion d'intérêt communautaire. Or il convient de rappeler que cette notion n'a pas de définition légale et peut emporter des réalités très différentes sous réserve d'une répartition respectueuse des principes de spécialité et d'exclusivité.

11. A

12. B – Les communautés d'agglomération doivent par ailleurs choisir trois compétences optionnelles parmi celles énumérées en (A).

13. A B

14. B – L'instance de consultation (A) de la métropole est le Conseil de développement.

15. B – Ils n'ont pas été remis en cause par la loi de 2014 qui en assouplit le régime.

16. B

17. A – Les syndicats d'agglomération nouvelle (SAN), EPCI à fiscalité propre, ont été supprimés par la loi dite NOTRe à compter du 1er janvier 2017. La loi du 16 décembre 2010 avait antérieurement supprimé les communautés d'agglomération nouvelle (CAN).

18. B

19. B

20. A B C – Ces guichets uniques ont été créés par la loi du 7 août 2015.

Corrigés QCM 6

1. A B – La loi du 6 février traite des consultations locales des communes et la loi du 13 août 2004 des consultations des départements, des régions et des EPCI.
2. A
3. A B – Les électeurs peuvent demander l'inscription de la consultation à l'ordre du jour. La recevabilité de cette demande implique qu'elle réunisse un cinquième des électeurs si la collectivité concernée est une commune ou s'il s'agit d'EPCI ; ce pourcentage est ramené à un dixième des électeurs pour les autres collectivités. En outre, l'inscription n'est pas de droit mais à la libre appréciation de la collectivité ou de l'EPCI.
4. B
5. A – Dans son article 72-1, la Constitution déclare « *La loi fixe les conditions dans lesquelles les électeurs de chaque collectivité territoriale peuvent, par l'exercice du droit de pétition, demander l'inscription à l'ordre du jour de l'assemblée délibérante de cette collectivité d'une question relevant de sa compétence* ».
6. A B
7. C
8. – Les conseils citoyens ont été mis en place par la loi du 21 février 2014, de programmation pour la ville et la cohésion urbaine.
9. B – Les commissions consultatives des services publics locaux sont obligatoires dans les communes de plus de 10 000 habitants, dans les EPCI de plus de 50 000 habitants et les syndicats mixtes comprenant au moins une commune de plus de 10 000 habitants.
10. A
11. A – Les projets d'acte relevant des attributions des maires peuvent être soumis à un référendum local SAUF les projets d'actes individuels.
12. C
13. A – Attention. Le préfet ne peut procéder à l'organisation d'un référendum que dans la circonstance où le maire, auquel il revient d'organiser cette consultation, s'y refuse.
14. B – Il est toutefois nécessaire qu'un délai d'un mois se soit écoulé entre les deux référendums locaux.
15. B C – Il n'est pas possible d'organiser un référendum local au cours des six derniers mois de la mandature du conseil municipal (A).

Corrigés QCM 7

1. B
2. B – Seuls les actes administratifs décisoires ont des effets de droit.
3. A B
4. B
5. B – Les actes individuels peuvent s'adresser à une personne ou être collectifs mais les personnes sont nominativement citées. Seuls les actes réglementaires ont une portée générale (C).
6. A
7. A – L'abrogation supprime les effets d'un acte pour l'avenir (B) et ne porte pas atteinte aux droits qui ont été acquis.

8. A
9. B – En effet, la condition énoncée en (A) ne concerne que les actes qui sont soumis à l'obligation de transmission au représentant de l'État.
10. B
11. B C
12. B – En fonction de la portée de l'arrêté, ce dernier peut avoir plusieurs co-auteurs (par exemple un arrêté concernant plusieurs départements sera signé par les préfets de ces départements).
Un arrêté a une valeur juridique inférieure au décret (A).
13. A – Une délibération constitue l'acte qui est l'aboutissement juridique de l'action de délibérer. Il s'agit bien d'une décision administrative, et à ce titre elle fait grief et elle est susceptible de recours juridictionnel.
14. A C D – Les avis (documents préparatoires) et les vœux ne sont pas des décisions administratives au sens strict ; c'est-à-dire qu'elles n'ont pas d'effet de droit et sont insusceptibles de recours pour excès de pouvoir.
15. A – La lettre du préfet est un recours administratif gracieux qui s'inscrit dans un contrôle de légalité.
16. B

Corrigés QCM 8

1. C
2. A – Un contrat entre deux personnes publiques est en principe administratif sauf s'il fait naître uniquement des rapports de droit privé entre ces personnes. Le critère organique n'est donc pas suffisant, il donne seulement une présomption d'administrativité.
3. A – La clause exorbitante de droit commun (critère matériel) permet, lorsqu'elle est combinée au critère organique, de déterminer la nature administrative du contrat.
Historiquement, la clause exorbitante était définie comme une disposition qui ne pourrait se trouver dans un contrat privé. En 2014, le Tribunal des conflits a complété cette définition en indiquant que cette disposition devait être conduite par l'intérêt général.
(TC, SA AXA France IARD du 15 octobre 2014). Constitue désormais une telle clause celle « *qui, notamment par les prérogatives reconnues à la personne publique contractante dans l'exécution du contrat, implique, dans l'intérêt général, qu'il relève du régime exorbitant des contrats administratifs* ».
4. B – Le pouvoir de modification unilatérale connaît deux limites : le bouleversement du contrat d'une part, et la mise en cause de l'équilibre financier, d'autre part.
5. B
6. B – Le fait du prince (A) permet également une indemnisation mais, comme son nom l'indique, il suppose qu'une intervention de la personne publique aggrave les conditions de l'exécution du contrat.
L'imprévision (C) ne permet qu'une indemnisation partielle du cocontractant et concerne un événement anormal et imprévisible mais temporaire.
Attention : les sujétions imprévues concernent uniquement les contrats de travaux publics à la différence du fait du prince et de l'imprévision qui intéressent tous les contrats administratifs.

7. **B**
8. **A** – L'absence d'obligation de publicité des marchés publics inférieurs à 25 000 euros concerne tant l'État que les collectivités territoriales.
9. **A** – Le code pénal prévoit les délits de favoritisme (art. 432-14), de concussion (art. 432-11) et de corruption passive (art. 432-10).
10. **A** – Pour mémoire, un marché public « in house », ou marché de prestations intégrées, est un contrat conclu entre deux personnes publiques distinctes mais dont l'une peut être considérée comme le prolongement de l'autre. Cette caractéristique permet de déroger aux contraintes de la mise en concurrence du droit commun des marchés publics.
11. **B** – Les MAPA peuvent être conclus en raison de leur montant (inférieur à 25 000 euros ou au seuil des marchés européens) ou de leur objet (services sociaux et autres services spécifiques, service de représentation juridique).
12. **A**
13. **A B C** – Il s'agit d'une mission globale.
14. **A**
15. **B** – La définition proposée en (C) est une définition de l'efficacité (A).

Corrigés QCM 9

1. **A** – Le service public se définit comme une activité dont le but est d'intérêt général, rattachée de façon directe ou indirecte à une personne publique.
2. **B C** – Pour mémoire, un service public limité aux activités régaliennes (A), c'est-à-dire la justice, la police, l'armée et la monnaie est la caractéristique de *l'État Gendarme*.
3. **B** – Le principe de *mutabilité* repose sur l'idée que l'intérêt général est une notion évolutive. Il est donc toujours possible de supprimer un service public et les usagers, comme les agents, ne peuvent prétendre à un droit au maintien des règles de fonctionnement d'un service public.
4. **C**
5. **B** – Cette discrimination est strictement encadrée par l'arrêt de principe du Conseil d'État, *CE 10 mars 1974, Denoyez et Chorques.*
6. **A**
7. **B**
8. **A** – Le tribunal des conflits a dégagé, sans la nommer, cette catégorie dans une décision historique TC, 22 janvier 1921, *Société commerciale de l'Ouest africain* (connue sous le nom *« Bac d'Eloka »).*
9. **B** – Les *services d'intérêt économique général* sont mentionnés dans les articles 90 du traité de Rome, 16 du traité d'Amsterdam et 14 du traité de Lisbonne. Ils ne bénéficient d'aucune définition juridique mais désignent des services de nature économique, c'est-à-dire des activités de production ou de commercialisation de services marchands, que la Communauté européenne ou les états membres soumettent à des obligations spécifiques de service public en vertu d'un critère d'intérêt général.
10. **B C**
11. **A** – Une collectivité peut choisir librement le mode de gestion, direct ou délégué, d'un service public si aucun texte législatif, ni principe administratif, ne s'y oppose. Ce choix, lorsqu'il est juridiquement possible, est ainsi insus-

ceptible de recours devant le juge car il est considéré comme relevant des questions d'opportunité.

12. F – La gestion déléguée peut également être effectuée de façon unilatérale.

13. B

14. B – La régie autonome n'a qu'une autonomie financière. La régie personnalisée est en revanche dotée de la personnalité morale, en sus d'une autonomie financière.

15. A

16. A

17. A – L'actionnariat des sociétés publiques locales (SPL) est strictement public.

Corrigés QCM 10

1. A – L'activité de police se traduit par des actes juridiques ET matériels.

2. A – La police administrative a donc un objet spécifique, le maintien de l'ordre public, alors que les autres activités administratives s'inscrivent dans un objectif plus large, l'intérêt général.

3. B – Le critère préventif/répressif bien que souvent retenu n'est pas toujours opérant et la distinction entre police administrative et judiciaire peut s'avérer délicate (transformation d'une opération de police administrative en opération de police judiciaire par exemple).

4. B – La Déclaration des droits de l'homme et du citoyen de 1789 (A) est une norme à valeur constitutionnelle (préambule de la Constitution) ; toutefois, le maintien de l'ordre public peut rendre nécessaire la limitation des libertés qu'elle garantit.
C'est ce même objectif qui peut conduire à l'interdiction d'une activité licite par une mesure de police administrative (B).

5. B – Le code des collectivités territoriales (A) définit l'ordre public local de façon non limitative : « *le bon ordre, la sûreté, la sécurité et la salubrité* ». La jurisprudence du Conseil d'État (B) a précisé et étendu les composantes générales de l'ordre public autour de la trilogie traditionnelle (tranquillité, sécurité, salubrité) qui ne résume pas à elle seule l'ordre public.

6. B – La moralité ne peut être introduite dans les composantes de l'ordre public qu'avec beaucoup de précaution et ce rattachement est sujet à débat au sein de la doctrine juridique. Il demeure que le Conseil d'État a estimé qu'était légale une mesure de police dont l'interdiction repose sur la moralité mais en raison de circonstances locales.

7. B C – La dignité humaine est un principe à valeur constitutionnelle (B), dégagé par le Conseil constitutionnel lors de sa décision de 1994 sur les lois bioéthiques, et une composante de l'ordre public (C), dégagée par le Conseil d'État lors de l'arrêt de 1995 « *Commune de Morsang-sur-Orge* ».

8. B – La mesure doit être nécessaire au maintien de l'ordre public, c'est-à-dire adaptée et proportionnée au but poursuivi, mais également limitée (quant aux destinataires, dans le temps ou dans l'espace).

9. A

10. A – La compétence du maire en matière de police administrative concerne également les plans d'eau et le domaine maritime, ce dernier étant limité au rivage de la mer jusqu'à la limite des eaux (B). Le préfet est compétent en matière de police des aéroports et aérodromes (C).

11. B – Le maire exerce en propre le pouvoir de police qui lui est confié personnellement.

12. B C

13. B

14. A

15. A

16. B

Corrigés QCM 11

1. B

2. B – Depuis un arrêt du Conseil d'État datant du début du XXe siècle, le juge a abandonné le principe d'irresponsabilité de l'État pour les services de police (CE, 10 février 1905, *Tomaso Grecco*).

3. C – Depuis les années quatre-vingt-dix, la responsabilité de l'administration peut être engagée sur le fondement d'une faute simple en matière médicale (CE, *10 avril 1992, Epoux V.*) et pour des activités de secours d'urgence : le transport d'urgence (CE, 20 juin 1997, *Theux*), le sauvetage en mer (CE, 13 mars 1998, *Améon*), la lutte contre les incendies (CE, 29 avril 1998, *Commune de Hannapes*).

4. B

5. B – La victime doit, en général, apporter des éléments suffisants pour que le juge apprécie leur valeur et puisse éventuellement prendre toute mesure nécessaire à leur établissement (la procédure administrative étant inquisitoriale). En outre, la théorie de la faute présumée est appliquée pour les usagers des ouvrages et des hôpitaux publics.

6. B

7. C

8. A – Il s'agit de la responsabilité pour dommage de travaux publics qui s'inscrit dans la responsabilité sans faute, pour risque.

9. A – La responsabilité sans faute, devant rupture des personnes devant les charges publiques, est étendue à la responsabilité du fait des personnes dont on a la garde (en l'espèce, il s'agit de l'arrêt CE, 1er février 2006, garde des Sceaux ministre de la Justice c/ Mutuelle assurance des instituteurs de France).

10. B

11. A

12. B – Le fait de la victime peut être une cause exonératoire de la responsabilité de l'administration ; cependant dans des affaires complexes, le juge peut estimer que cette exonération n'est que partielle, et examinera la part de responsabilité de chacun dans la survenance du fait dommageable.

13. A – La force majeure est imprévisible, irrésistible et extérieure à l'administration.

Le cas fortuit est simplement imprévisible et irrésistible.

14. A

15. A

16. B

17. B – Le préfet agit en effet au nom de la commune et engage donc la responsabilité de cette dernière.

Corrigés QCM 12

1. A
2. B – Les chambres ont également une fonction administrative qui s'organise comme suit : d'une part, elles effectuent un contrôle budgétaire ; d'autre part, elles examinent la gestion des collectivités et de tous les organes qui les entourent et sur lesquelles elles exercent un pouvoir (par exemple les SPL).
3. B – L'encadrement législatif vise à protéger le contribuable.
4. C – Le recouvrement de l'impôt direct local est effectué par les services fiscaux de l'État.
5. A
6. C – Des péréquations libres peuvent être mises en œuvre (C).
7. A – Ce régime a été libéralisé en 1982 (B).
8. A
9. C
10. A
11. B – Le débat d'orientation budgétaire est obligatoire au sein des départements (depuis 1982) ainsi qu'au sein des régions et des communes de plus de 3 500 habitants (depuis 1992). Ce débat, qui doit être tenu dans les deux mois qui précèdent le vote du budget, n'est qu'une mesure préparatoire ; il demeure que cette formalité doit être respectée sous peine d'entacher d'illégalité la délibération budgétaire qui suivra.
12. A – Seules les délibérations budgétaires des régions disposent d'un régime propre.
13. B
14. A – L'ordonnateur est un élu, alors que le comptable public est un fonctionnaire de l'État.
15. A
16. A

Corrigés QCM 13

1. A B
2. A C
3. C – Les agents qualifiés de A+ appartiennent à la catégorie A. Aucune catégorie A+ ne figure dans le statut et n'a d'existence juridique.
4. C
5. B
6. A – Il existe huit filières : administrative, technique, culturelle, sportive, sanitaire et sociale, sapeurs-pompiers, police municipale et animation.
7. A
8. A
9. B – Des organismes de gestion, extérieurs aux collectivités (établissements publics administratifs) participent à la gestion de la fonction publique territoriale : le Centre national de la fonction publique territoriale (CNFPT) qui est organisé en délégations régionales et les centres de gestion (CG et CIG).

10. A B – Les commissions administratives paritaires (CAP) (C) doivent être créées dans les collectivités qui ne sont pas affiliées aux centres de gestion (l'affiliation étant obligatoire pour les communes et établissements publics qui emploient moins de 350 fonctionnaires et facultative pour les autres collectivités et établissements). Doit exister une CAP par catégorie.
11. C
12. B – Le conseil de discipline ne se réunit pas pour les sanctions les plus légères (blâme et avertissement).
13. B
14. A
15. A C

Corrigés QCM 14

1. B – La réussite d'un concours permet d'ouvrir la période et la procédure de recrutement auprès des collectivités mais ne donne pas droit à un poste.
2. B
3. A
4. A – L'avancement d'échelon peut se faire dans l'emploi.
5. B – La notation a été remplacée par l'entretien professionnel annuel depuis le 1er janvier 2015.
6. B
7. B
8. B – Si l'agent quitte sa collectivité d'origine dans les trois premières années de sa titularisation, la collectivité d'accueil devra verser une indemnité à cette dernière correspondant aux temps de formation.
9. B
10. A
11. A
12. A
13. B
14. A – Un majeur protégé qui perd pour partie ses droits civiques, conserve son statut de fonctionnaire dans la mesure où il ne s'agit pas d'une sanction mais d'une mesure de protection.
15. B – La révocation est une sanction de 4e catégorie.

Corrigés QCM 15

1. B – L'agent a un droit à rémunération mais son traitement est fixé unilatéralement et peut être modifié.
2. B
3. B
4. A
5. B – Le droit individuel à la formation (DIF) a été consacré par la loi de 2007 relative à la modernisation de la fonction publique.
Pour mémoire, la loi de juillet 1992 a instauré la validation des acquis de l'expérience (VAE).
6. B – La liberté d'opinion consacrée par la loi du 13 juillet 1983, recouvre la liberté de conscience et la liberté d'expression et doit être exercée par les

fonctionnaires dans le respect des obligations qui lui incombent (neutralité, réserve, discrétion…).

7. **A**

8. **B**

9. **A B**

10. **B C**

11. **B** – Il s'agit précisément d'une dérogation à l'obligation de secret professionnel.

12. **A**

13. **B**

14. **B**

15. **A**